高校野球激戦区

神奈川から頂点狙う監督《おとこ》たち

大利 実

KANZEN

有言実行で成し遂げた『ＫＥＩＯ日本一』

――あと2つです。その意識はありますか？

「日本一を目指しているので、あと2つではなく、あと8つぐらいだと思っています。まだまだ長い戦いですから、先を見据えながら、目の前のひとつひとつの勝ちを拾う。その両立を目指してやっていきたいと思います」

２０２３年7月20日、横浜スタジアムで行われた神奈川大会準々決勝。横浜創学館に7対2で勝利した直後、慶應義塾・森林貴彦監督が残したコメントである。

20年近く神奈川の高校野球を取材してきたが、ベスト4入りを決めたあとに、「あと8つぐらい」「まだまだ長い戦い」と発言した監督は記憶にない。本気で日本一を狙う強い意思が感じ取れた。

「あと8つ」とは、神奈川大会準決勝と決勝で2試合、そして夏の甲子園で1回戦から決勝まで6試合、すべてを勝ち抜くには「8勝が必要」という意味を示している。

チームの目標は『ＫＥＩＯ日本一』。15年以上前から、ライト奥のネットに横断幕があったが、森林監督が「みんなが見えるところに移そう」と提案して、２０２２年の世代からバックネット裏に掲げられている。日本一を果たすために、フィジカル強化、メンタルトレーニング、コンディション調整など、できることはすべてやってきた。

たとえば、白山との2回戦(初戦)で4打数4安打の活躍を見せた丸田湊斗(慶應義塾大)を、3回戦の津久井浜ではスタメンから外し、休養に充てた。大会前から腰の状態が悪く、試合当日には痛み止めの薬を飲むような状態で、シートノックの本数も減らしていた。さらに、この3回戦では、正捕手の渡辺憩(慶應義塾大)を休ませて、背番号9の加藤右悟をスタメン捕手に起用した。夏の炎天下、防具を着けたキャッチャーの疲労感は想像以上のものがある。

20日の準々決勝のあと、次の準決勝は24日。神奈川にしては珍しい日程の組み方だが、森林監督は21日を完全オフにして、疲労回復とリフレッシュに充てた。栃木・宇都宮市出身の2年生エース小宅雅己は、準々決勝の夜に親の車で実家に戻り、地元で髪を切ってから、22日の練習に合流した。心身ともに万全の状態で臨んだ準決勝で、東海大相模に12対1で打ち勝つと、決勝の横浜戦では2点ビハインドの9回表に渡邉千之亮(慶應義塾大)に起死回生の逆転3ランが生まれ、甲子園出場を決めた。

2000年以降、夏の甲子園出場は2008年の「第90回全国高等学校野球選手権記念大会」、2018年の「第100回全国高等学校野球選手権記念大会」と、神奈川に2校の代表枠があった年で、単独出場となると1962年以来のことになる。

大会中、このことを聞かれた森林監督は、「今年も、第105回の記念大会(第105回全国高等学校野球選手権記念大会)ですからね」とユーモアを交えて、コメントを返した。記念大会に強さを見せるのが慶應義塾だ。

甲子園では北陸、広陵、沖縄尚学、土浦日大を連破すると、決勝では仙台育英を8対2で下し、

107年ぶり2度目の日本一を成し遂げた。2回戦からの登場だったため、「あと8つ」ではなく「あと7つ」ではあったが、まさに有言実行での日本一。

ホテルのすぐ隣にあったスーパー銭湯で計画的に温冷交代浴を行い、疲労回復に努め、ホテルの地下駐車場には即席の簡易ウエイトトレーニング場を設置し、筋量が落ちないように継続的にトレーニングに励んだ。あらかじめ、学校からバーベルやシャフト、パワーラックなどをトラックで運び、およそ3週間の戦いを勝ち抜く準備を整えていた。

県勢にとっては、2015年の東海大相模以来となる夏の全国制覇。8年ぶりに深紅の大優勝旗が神奈川に戻ってきた。

神奈川を引っ張る横浜、東海大相模で新監督が就任

本書は、全国屈指の激戦区・神奈川で互いに切磋琢磨しながら鎬を削る監督たちの熱い想いを一冊にまとめた書籍である。

過去に、『高校野球 神奈川を戦う監督たち』（日刊スポーツ出版社／2013年5月発売）、『高校野球・神奈川を戦う監督たち2「神奈川の覇権を奪え！」』（日刊スポーツ出版社／2014年5月発売）、『激戦 神奈川高校野球 新時代を戦う監督たち』（インプレス／2018年6月発売）と、関連本を3冊出版してきた。

2018年から6年も経てば、監督の顔ぶれも変わる。特に、神奈川を長年引っ張る横浜と東海大相模の監督が代わったことは、大きなトピックスになる。

横浜は平田徹監督（彩星工科監督）に代わり、２０２０年４月から村田浩明監督が就任。東海大相模は春夏４度の全国制覇を果たした門馬敬治監督（創志学園監督）が２０２１年夏を最後に退任し、元巨人の原俊介監督があとを継いだ。ともに学校のＯＢである。

慶應義塾の日本一は、県内の指導者に大きな刺激を与えている。

優勝を称えながらも、どの学校よりも悔しい気持ちを味わったのは横浜の村田監督だろう。夏の３連覇を狙った決勝戦、９回表に微妙な判定もあり、慶應義塾に逆転負けを喫した。「どん底まで落ちた」と正直な想いを明かす。渡辺元智監督、小倉清一郎コーチが作り上げたソツのない横高野球をベースに、自分の色を加えて、日本一を狙う。

東海大相模は昨夏の準決勝で、慶應義塾に６回コールド負け。原監督にとっては、「あれぐらいの力がなければ、日本一にはなれない」と肌で感じる悔しい夏になった。門馬監督が退任前に黄金期を作り上げていただけに、比較されることは当然覚悟している。「表向きにあまり大きなことは言いたくないですが、日本一を獲りたい気持ちは誰よりも強くあります」と口にする。

桐光学園の野呂雅之監督は、２０２３年秋の県大会を制するも、関東大会準々決勝で惜敗し、センバツを逃した。最後に甲子園に出たのは、松井裕樹(パドレス)がいた２０１２年の夏まで遡る。「慶應さんは慶應さんのやり方で日本一になった。桐光学園には桐光学園の〝型〟があります。そこを信じてやり抜いて、日本一を目指す」と、他校は気にしすぎず、自分たちができることに全力を注ぐ。

近年の成績を総合的に見ると、横浜、東海大相模、慶應義塾、桐光学園が第一グループを形成し、「四強」と呼ぶ声もある。夏の神奈川大会では、２００９年に横浜隼人が優勝して以降、四強のいずれかが優勝している。他校からすると、常連校の壁は厚い。

エベレストから富士山に変わった神奈川の頂上

２０２３年春、横浜と東海大相模を相次いで破り、旋風を巻き起こしたのが相洋の高橋伸明監督だ。前年秋の準々決勝で日大藤沢に敗れた日、「ベスト8に入っても、何も残らないな。上を目指そう。甲子園を目指そう」とミーティングを開き、心の底から甲子園を目指すようになった。一歩ずつ着実に階段を上り、頂点が見える位置にまで来ている。

２００９年に神奈川の歴史を動かした横浜隼人の水谷哲也監督は、２０２４年に節目の60歳を迎える。２０２２年夏の5回戦では、横浜と延長にもつれこむ熱戦も悔いの残る負けを喫した。令和6年になるが、「昭和のガンコ親父」の役割を貫き、信頼できるスタッフ陣とともに再びの甲子園を狙う。

横浜創学館の森田誠一監督は、水谷監督と同じ１９６４年生まれ。ライバルでもあり、仲間でもある水谷監督から大きなエネルギーをもらいながら、横浜隼人に続く初出場を目指す。２０２１年夏に準優勝、２０２２年夏秋ともにベスト4と、優勝争いに絡む年が続く。

日大藤沢の山本秀明監督は、「以前は、〝エベレスト〟に見えていた山が、今は〝富士山〟ぐらいの感覚です」と、頂点が近づいていることを独特の表現で示す。長く目標にしていた門馬監督が退任したことで、しばらくは〝門馬ロス〟に陥っていたが、今は「鉄壁のカベがなくなった」とプラスに捉えている。

春夏12回の甲子園出場を誇る桐蔭学園は、２０１７年秋に片桐健一監督が再登板。２０１９年春に森敬斗（ＤｅＮＡ）を擁して16年ぶりにセンバツに出場するが、夏は１９９９年を最後に優勝していない。２０２３年12月に、偉大なＯＢが名を連ねる「技術指導委員会」を発足し、オール桐蔭で復活を期す。

志賀正啓監督が率いる立花学園は、２０２２年夏に創部初のベスト4入り。ラプソードなど最新の機器を積極的に取り入れ、選手の可能性を最大限に伸ばす指導に力を注ぐ。チームのスローガンは『革命』。神奈川に革命を起こす準備を、着々と進めている。

夏4度の甲子園出場を誇る古豪・武相は、２０２０年8月にＯＢの豊田圭史監督が就任した。前任の富士大で計8度の全国大会出場を果たした手腕を持ち、母校の再建に本気で挑む。２０２３年秋には桐光学園と延長タイブレークの熱戦を展開。「『何かやってくるんじゃないか』と、相手に怖さを与えられるチームにしたい」。土台作りの3年を終え、次のステージに向かう。

大学の監督を務めていたこともあり、ネットワークは広い。２０２３年12月には40代前後の同世代の指導者30名ほどに声をかけ、「みんなで切磋琢磨して、神奈川を盛り上げていきましょう」と懇親会を開いた。本人は嫌がるが、参加した指導者からは「豊田会」と呼ばれている。

県立高校の優勝は１９５１年の希望ケ丘が最後

県立高校が夏を制したのは、１９５１年の希望ケ丘が最後になる。私立が圧倒的に優位な神奈川で、県立が頂点に立つ日は訪れるのか――。

川崎北、県相模原で実績を重ねてきた佐相眞澄監督は、今年8月に66歳を迎える。2023年度をもって教員を退職し、外部指導者として指揮を執る。2019年夏の準々決勝では、大会4連覇を狙った横浜に打ち勝ち、高校野球ファンを驚かせた。それでも、「甲子園に出ていないのでまだ満足していない」と、強豪私学に勝つためのチーム作りを進めている。エネルギーはまったく衰えていない。

東海大相模のOBである横浜清陵の野原慎太郎監督は、前任の大師で2015年夏、2016年春、2017年夏にベスト16に入ると、現任校で2021年夏にベスト8進出。「私立も公立も関係ない。野球は私立だから勝つのではなく、いい投手、いい野手、いい裏方がいるから勝つ」。この意識を徹底的に植え付け、「公立（県立）だから……」という言い訳を排除する。

川和の平野太一監督は、初任の津久井浜で2012年夏にベスト16進出。二校目の瀬谷では、2016年夏の3回戦で東海大相模と1点差の激闘を演じた。2023年に川和の監督に就き、神奈川を勝ち抜くための取り組みを進めている。

2022年、2023年と2年連続で夏の第三シードを獲得した市ケ尾の菅澤悠監督は、「うちは甲子園を目指していない」と公言する。今の目標は、「夏の5回戦で勝負できるチームになる」。すなわち、優勝を狙う私学に対して、本気の勝負を挑めるかどうか。昨夏は5回戦で慶應義塾と戦い、1対8の7回コールド負けを喫した。

選手にさまざまな個性があるように、監督にもさまざまな色がある。

横浜隼人の水谷監督が、興味深い考えを教えてくれた。

「高校野球は監督、大学野球はキャプテン、社会人野球はキャッチャー、プロ野球は企業力が、勝敗のカギを握ることが多い」

精神的にまだまだ振れ幅が大きい高校生。能力が高い選手が集まったからといって、勝てるわけではない。試合中の声かけひとつで、結果が変わるのもよくあることだ。

夏の勝者はわずかに1校。

神奈川の頂点、そして甲子園の頂点に挑む監督たちの戦いに迫った――。

高校野球激戦区　神奈川から頂点狙う監督たち　目次

【編集部お断り】
各章の戦績は過去5年。2023年秋までの戦績を掲載しています。

CHAPTER
1

慶應義塾

森林貴彦

監督

「監督の仕事はプロデューサー」
チームがより良い方向に
進むための環境を作る

『KEIO日本一』。就任８年目、2023年の夏に頂点を掴んだ森林貴彦監督。「監督の仕事はプロデューサー」と語り、広い視野で組織作りに力を注ぐ。日本一を成し遂げたチームは丸３年間メンタルトレーニングを続け、新たなウエイトトレーニングを本格的に取り入れた最初の世代。すべての取り組みが噛み合い、夏の甲子園を107年ぶりに制した。

	秋		春		夏	
2020	県	4回戦	中止		県	5回戦
2021	県	3回戦	県	3回戦	県	ベスト4
2022	県	3回戦	県	3回戦	県	ベスト8
2023	県	準優勝	県	優勝	県	優勝
	関	ベスト4	関	2回戦	甲	優勝
	甲	1回戦			国	1回戦
2024	県	ベスト8				

県＝県大会 関＝関東大会 甲＝甲子園 国＝国体
秋春夏を1シーズンと考えて、秋のシーズンは翌年に入れています

PROFILE

森林貴彦（もりばやし・たかひこ）

1973年6月7日生まれ、東京都渋谷区出身。慶應義塾―慶應義塾大。高校時代は内野手。大学では学生コーチを務め、県大会準優勝を経験。ＮＴＴに３年勤めたのち、高校野球の指導者を夢見て退職。筑波大の大学院で学び、2002年から慶應義塾幼稚舎に勤務。高校のコーチを長年務め、2015年の新チームから現職。春夏4度の甲子園出場。2023年夏に日本一を果たす。

東海大相模、横浜を破ったことが大きな自信に

「日本一を目指しているので、あと2つではなく、あと8つぐらいだと思っています」

昨夏の神奈川大会、準々決勝直後のこの言葉は、大会史に残る〝名言〟だと思っている。

その話を森林監督に振ると、「ずっと言おうと思っていたわけじゃないですよ」とにこやかに笑った。

「準決勝まで勝ち上がって、ここから東海大相模や横浜と当たるかもしれない。神奈川で高校野球をやっているものとして、『ここまで来たら本望』みたいな気持ちが生まれてもおかしくないところです。でも、うちが目指していたのはその先にある日本一。『あと2つですね』と聞かれたので、『いやいやいや、まだこれからですよ』という気持ちが言葉になりました」

ベスト4で満足するものはひとりもいない。集中力をより高めて臨んだ準決勝で東海大相模、決勝で横浜を連破し、日本一への挑戦権を得た。

「相模、横浜に連勝しての優勝は、もっとも望んでいた形です。そのおかげで、甲子園に行っても自信を持って戦うことができました。あの2校に勝ったんだから、おれたちはやれるぞと。そういう〝無形の力〟は間違いなくあったと思います」

決勝後、オフを1日挟んだあと、甲子園に向けて練習開始。再開後のミーティングで、森林監督は選手たちに語りかけた。

「過去を見て喜ぶか、未来を創りにいくか。そこが分かれ目だぞ」

神奈川大会優勝は、あくまでも通過点。キャプテンの大村昊澄（慶應義塾大）は「まだ何も成し遂げられていない」と口にしていた。

上田誠監督（香川オリーブガイナーズ球団代表）のあとを継いで、監督に就任したのが2015年夏の新チーム。森林監督のことは、年に数回取材をしているが、「日本一」という言葉を口にしていた記憶がほとんどない。グラウンドに、『KEIO日本一』の横断幕こそあったが、目指していたのは神奈川を勝ち抜くことだったのではないか。

「その通りだと思います。正直、私も選手も『日本一』まで考えてはいませんでした」

なぜ、2023年の世代は『日本一』を言葉に出し、本気で目指すようになったのか。

「大村がいたからです。新チームになったときから、『慶應が日本一になって、高校野球を変えたい』とマスコミのみなさんにも言い続けていたので、それを大村ひとりに背負わせるのはかわいそうだなと。監督が言わなければいけないことを、彼が言ってくれることも結構ありましたから。大村に引っ張られて、前向きなエネルギーで日本一に向かえたのは間違いありません。大村がキャプテンでなければ、間違いなく、日本一にはなっていなかったはずです」

愛知・港ボーイズ出身の大村は、『エンジョイ・ベースボール』を掲げ、主体性を重んじる森林監督の指導に惹かれて、慶應義塾に入学してきた。

私が今でも覚えているのが、2022年秋の県大会初戦、森林監督に「大村はどんなキャプテンですか？」と聞いたときに返ってきた言葉だ。

「〝人間性キャプテン〟と言っていいぐらい、気が利いて、周りに声をかけることができる。個々の能力はさほど高くないですけど、大村を中心にして、『みんなでやろう、みんなで勝とう』とする意識が強い代です」

当初は、「ベンチキャプテンになるかもしれない」と思われていたが、本人の努力でセカンドのレギュラーを掴み取った。

「大村からは、志を高く掲げることの大切さを教えてもらいました。高い目標を持つことで、そこに向かおうとするエネルギーが生まれる。大村が素晴らしいのは、ひとりで突っ走るのではなく、周りを巻き込んで、その気にさせる力を持っていること。ぼくよりもはるかに立派な仕事を果たしてくれました」

見事な逆転勝ちを収めた、夏の神奈川大会決勝。7回裏の守りで、横浜の緒方漣（國學院大）がスイング時に足を攣ったことで試合が中断し、守備陣がベンチに戻ってきた場面があった。この時点のスコアは3対5の劣勢。大村は、仲間の顔を見渡しながら笑顔で言った。

「ドラマが待ってるぞ！　いい顔してやろう！」

9回表の攻撃が始まる前にも、大村が熱い言葉を口にした。

「いい顔して、ここからチャレンジ！」

青春映画のワンシーンを見ているかのようだった。

創立者・福澤諭吉の教え――自分の人生は自分で歩め――

森林監督と慶應義塾の物語は、小学6年生のときから始まっている。

「小さい頃からずっと甲子園の中継を見ていて、高校野球が大好きで、でも小学6年生のときはどこに入ると、どういう高校に進むのかほとんど考えていませんでした。母親の勧めで中学受験を考えるようになり、第一志望は駒場東邦中。日能研に通って、めでたく駒場東邦中に受かったんですけど、高校は軟式野球部しかないことをあとから知りました。当時は2月1日が駒場東邦中の入試日で、5日が慶應の普通部。もう、駒場東邦中に行くつもりでいたんですけど、一応、慶應の願書も出していて、たくさん受かったら塾から賞がもらえることも知って（笑）、試しに受けてみたら普通部に合格。親もおじいちゃんもおばあちゃんも、『野球がやりたいんでしょ？　高校も大学も受験がないから、慶應のほうがいいんじゃないか』となって、その流れに乗せられて普通部に。だから、最初から何が何でも慶應志望だったわけでもないんです」

この翌年から、普通部の受験日が2月1日に移され、駒場東邦と同じ日になったそう。もし1年遅く生まれていたら、慶應の道に進むことはなかったかもしれない。

普通部から慶應義塾に進み、そのまま慶應義塾大へ。大学時代は、学生コーチとして高校野球部に携わり、1995年夏には県大会の決勝にまで勝ち進む興奮を味わった。一度は、NTTに就職し、3年間働いたが、サラリーマン生活に物足りなさを感じるとともに、高校野球に対する熱い想いが止まらなくなり、周りの反対を押し切って退社。筑波大の大学院で学んだあと、2002年から慶應義塾幼稚舎（小学校）に勤め、同時に慶應義塾のコーチに就いた。

今年6月で51歳。数えてみると、学生時代も含めて計32年、慶應義塾の中で生きていることになる。

慶應義塾と言えば、創立者である福澤諭吉先生の存在が大きいが、どのような影響を受けているのだろうか。

「一番の影響は『自分の人生は自分で歩め』ですかね」

福澤先生が遺した言葉のひとつに『独立自尊』がある。

自らが自らを支配し、人に頼らざる――。

「もちろん、わがままに何をしてもいいわけではなく、人の意見を尊重し、大切にしながらも、自分のことは自分で決めて、自分の足で人生を歩いていく。誰かに言われるがままの人生でいいのかどうか。立ち止まって、考えてみる。勉強をすることによって、人生の選択肢を増やすこともできる。こうした空気が、慶應全体に流れているのはたしかです」

森林監督が目指す野球とつながるところが多い。「右向け右」で監督の指示だけに従った野球が面白いのかどうか。旧態依然とした高校野球には、以前から疑問を持っている。

2015年に就任した当初から口にしているのが、「将棋で言えば、駒ではなく棋士になってほしい。ひとりひとりが棋士の目を持てれば、チームは強くなる」。つまりは、動かされる側ではなく、動かす側になる。「ぼくならこう思います」という意見が活発に出るようになれば、監督ひとりの考えで戦うよりも面白い野球ができるのは間違いない。

「野球そのものが監督のサインで動くことが多い競技なので、どうしても、指示待ち人間になりやすい。でも、今の社会を見てわかる通り、上司からの指示を待っているだけでは、AIに仕事を奪われかねません。はたして、監督の言うことを聞いて、サイン通りに動くのが〝いい選手〟なのかどうか。当然、さまざまな考え方があっていいと思いますが、うちが求めるのは、自分で考えて、自分で動ける選手です。高校生からその思考を磨くことが、社会に出たときにもきっと役に立つと思います」

普段の練習を見ていても、何かミスが起きたときに、「何やってんだよ。もう1回やれ!」といった指示はほぼなく、「今のはどういう意図?」とプレーの狙いを聞くことが多い。結局、頭ごなしに怒ると、「監督の意図した通りに動けばいいんでしょう」と自分で考えることを放棄してしまう。

2023年夏の甲子園、広陵戦で見せたノーサインの三盗

日本一を果たした2023年夏の甲子園。随所に慶應義塾らしいプレーが見えたが、印象深いのは広陵戦の初回に丸田湊斗(慶應義塾大)が決めた三盗だ。

初回、一死二塁の状況で、二塁走者の丸田がチラチラと三塁ベンチの森林監督に目をやり、ジェスチャーを送っていた。

「『行けます、走らせてください』みたいな合図をベンチに送ってきて、『え、本当に? 初回から三盗するの?』。あまりにも自信を持った感じだったので、『もういいよ、任せた』と見ていたら、勝手に走って(笑)。素晴らしいスタートを切ってくれました」

三盗を決めて、一死三塁。その後、二死一、三塁まで攻め込むと、延末藍太(慶應義塾大)がレフト前に流し打ち、幸先よく2点を先制した。

この三盗にはいくつかの伏線がある。

本来は8月15日に予定されていた試合だったが、台風接近の影響で16日に順延。高野連からは「外

に出ないように」という通達もあり、試合前日はホテルで過ごすしかない状況だった。ホテルの協力のもと、20メートル×30メートルほどの大きな宴会場を借りることができ、そこで行ったのが広陵のエース高尾響の対策だった。

ＹｏｕＴｕｂｅにアップされていた高尾のピッチング映像を大型スクリーンに映し出し、モーションに合わせて素振りをした。さらに、事前の分析で、走者二塁時にけん制のクセが出ることがわかっていたため、高尾の動きを確認しながら、三盗のスタートを繰り返した。

「限られた環境の中で何ができるか。いい準備ができたことが、三盗につながったと思います」

思い返せば、夏の県大会でも丸田がノーサインで三盗を狙った場面があった。

準々決勝の横浜創学館戦、7対2で迎えた8回裏の攻撃だ。一死から丸田が二塁打で出塁すると、八木陽（慶應義塾大）の打席で三盗を試みた。だが、スタートを切るのがわずかに早く、ピッチャーに気づかれて、挟殺プレーでアウトになった。スタンドから見ていると「もったいない」と感じたプレーだったが、試合後の森林監督は冷静だった。

「データがあったうえでの丸田の判断。確信を持ってスタートを切ったけど、結果うまくいかなかった。そういうチャレンジはうちではＯＫ。選手の閃きや積極的なトライは、あまり否定しないようにしています」

大会後、丸田はこう振り返っていた。

「偵察班から、創学館の投手は二塁にランナーがいると、クビ振りにクセが出るというデータが出ていました。ちょっとだけスタートが早かったんですけど、走るタイミングはあそこしかないかなって。チャレンジしたうえでのプレーは、アウトになっても責められることはないので、積極的に狙いやすい。考えたプレーや試行錯誤したプレーを評価してもらえて、そういう環境って高校野球ではなかなかないのかなと思います」

仮に、横浜創学館戦での三盗に対して、「あの場面は走るところじゃないだろう。状況を読めよ」と強く指摘されていたら、広陵戦の三盗はなかったかもしれない。監督の指示通りに動くようなチームであれば、神奈川で勝つことも、甲子園で勝つこともきっとなかったはずだ。

取材をすればするほど、こういうエピソードがいくつも出てくるのが慶應義塾の面白いところである。

仙台育英との甲子園の決勝。先発・湯田統真（明治大）に対する攻略法は「ストレートはほとんど高めのボール球。ストライクゾーンに入ってくるスライダーを狙う」。その分析通り、先頭打者の丸田がスライダーを捉えて、ライトスタンドに先制ソロを叩きこんだ。続く二打席目は、「スライダーを打ったから、次はストレートで来る」と配球を読み切り、今度はストレートを引っ張ってライト前にタイムリーを放った。

「慶應はやりづらいな」と感じさせるようなマインドを育む

事前にチームで決めた指示はありながらも、試合が始まれば、選手本人の直観や感性を尊重する。それが、森林監督が目指すスタイルとなる。

「清原和博氏の次男」として注目を集めた清原勝児にも、こんなエピソードがある。

センバツにつながる2022年秋の関東大会、常磐大高との初戦、4回裏に勝ち越しの2ランホームランをレフトポール際に運んだ。先発の山口竜生に対して、事前のミーティングでは「右打者には外のスライダーが中心。外を逆方向に狙っていこう」という大まかな方針があった。

ところが、第一打席ではインコースを攻められて、最後はショートフライ。二打席目に入る前、森林監督に「また、インコースを攻めてくると思うので、そこを狙ってもいいですか」と相談に来た。そのインコースを迷いなく振り抜いたホームランだった。

森林監督には、指導者として大事にしている信念がある。

「監督に教わったから結果が出ました、ではなく、自分で考えて工夫したから結果が出ました。そのほうが選手自身の成長につながる。理想は勝利至上主義ではなく、成長至上主義です」

当然、うまくいったことが表に出てくるが、その裏にはうまくいかなかった事例がいくつもあるもの。その数々のチャレンジが、大事な勝負所での成功につながっている。

この根底に流れているのは、『エンジョイ・ベースボール』の精神だ。これは森林監督だけの教えではなく、慶應義塾大で監督を務めていた前田祐吉氏が唱えたもので、慶應全体の文化として根付いている。

「より高いレベルの野球を楽しむ。現状のレベルで満足するのではなく、成長する、向上する、うまくなる、強くなる、逞しくなる。そこを目指さないのであれば、せっかく多くの時間を費やしているのがもったいない。夏の甲子園の決勝で仙台育英と戦えたのは、最高に楽しい空間でした」（森林監督）

「チームの中で切磋琢磨して、成長できている時間が楽しい。そのうえで勝つのが、さらに楽しい。その勝利を掴むために厳しいこと、きついこともあるんですけど、それを乗り越えた先に楽しみがあるので、しっかり成長していきたい」（清原勝児）

「エンジョイ」の響きから誤解されることもあるが、ひとつ言えるのは、レクレーションの意味合いでの「楽しむ」では、日本一を勝ち取ることなどできるわけがない。

2018年に出版した『激戦 神奈川高校野球 新時代を戦う監督たち』でも、森林監督の指導論を紹介しているが、東海大相模に対する戦い方を聞いたときに、「変な話、ちょっと違う種目をやっているぐらいの感覚を持たせないと勝てないと思っています。相模がワッと攻めてきたら、うちは〝のれんに腕押し〟のような感じでかわしていく。うちの強みを出して、『慶應はやりづらいな』と思わせたいですね」と、独特の言い回しで語っていた。

今も、この考えは変わっていないだろうか。

「同じですね。相模だけでなく、横浜にも言えますが、同じ土俵で戦おうとしても、能力も練習量も向こうが上ですから。『慶應は何かイヤだな……』といかに思わせるか」

うちの強みとは——。

「状況を見ながら、自分で考えて、自分で行動する。ひとりひとりが考える力や主体性を持っている。監督と選手の関係がフラット。野球を楽しみながらプレーする。それは決して、良い悪いという話ではなく、うちが大事にしているところです」

2023年センバツ、仙台育英との初戦の前に、兵庫の彩星工科高校のグラウンドを借りたことがあった。チームを率いるのは、かつて横浜を指揮していた平田徹監督だ。年齢は10歳離れているが、慶應義塾と横浜で同じ時期（2015年新チーム）に監督に就任したこともあり、互いに大きな刺激を受けていた。2018年の記念大会では、北神奈川を慶應義塾、南神奈川を横浜が制し、一緒に甲子園に出場。直接対決は、平田監督の3勝1敗だった。

「練習の最後に、平田さんがうちの選手たちにこんな話をしてくれました。『横浜高校の監督として、何度か試合をさせてもらいましたが、慶應さんと対戦するのは非常にイヤでした。みなさんは相手が嫌がっていることを自覚して、それを有利に捉えて、自分たちが大事にしている道を突き進んでください』。そうやって見てもらえていたことは、嬉しいですよね」

二刀流「小学校の先生&高校野球の監督」の強み

昨年6月、取材で慶應義塾に向かう日、森林監督から「16時前に日吉駅の銀玉オブジェで待ち合わせしましょう。そこから学生コーチが車でグラウンドまで乗せてくれるので、一緒に行きましょう」という連絡があった。日吉駅から野球部のグラウンドまではハイキングなみのアップダウンがあるため、非常にありがたい……。

今回の優勝によって広く知られることになったが、前述の通り、森林監督は慶應義塾幼稚舎の教員をしていて、現在は4年生の担任を務めている。1年生から6年生までクラス替えがないのが特徴で、6年間の成長を間近で見守ることができる。子どもたちからは「モリバ」と呼ばれ、休み時間にはドロケイをしたり、ドッジボールをしたり、一緒になって体を動かすことが多いそう。校舎が広尾にあるため、5時間目の授業を終えてから、電車で日吉に移動するとなると、どうしても16時頃になる。

就任した当初、森林監督からこんな話を聞いた覚えがある。

「電車で移動する時間がもったいないので、どこかのタイミングで高校の教員になれると良いんですけどね」

数年もすれば、高校の教員になるものだと思っていたが、今も幼稚舎に勤め、その日常を楽しんでいるように見える。

「本当にその通りで、自分の強みは何かと考えたときに、小学校の先生と高校の監督という二刀流であることに気づきました。自分にしかない強みで、まだ同じ境遇の指導者とは出会ったことありません」

2024年1月27日、さいたま市で開かれた「埼玉県中体連野球専門部指導者講習会」で、講師に招かれたのが森林監督だった。このとき、二刀流の強みをわかりやすく説明していたので、一部を抜粋したい。

「朝から小学校に行って、授業をやって、給食を食べて、放課後はドロケイや手打ち野球で一緒に遊んで、『なわとびができるようになったから、モリバ見てよ』と言われて、記録を付けてから、電車で高校まで移動する毎日です。グラウンドに来た私が強烈に思うのは、『きみたち大人じゃん』ということです。『集合!』と言えば、集合してくれるわけですから、こんなにありがたいことはありません。そうなると、高校生に対して、自然に大人扱いができる。これが、大人の世界が中心にあって、高校生を見るようになると、『やっぱり君たちは子どもだね』と思ってしまう気がします」

「高校生を大人と捉えれば、彼ら自身で考えて行動できることはたくさんあります。任せるところは任せる。一方で、怖いもの知らずにチャレンジできたり、最後まであきらめずに一生懸命に取り組める、子どもに近いところもある。大人の良さと、高校生の良さを両方引き出すような指導をしていきたい。それは、私なりの独自の視点だと思っています」

　また、小学生と多くの時間を過ごすことで、教えすぎることの是非を考えるようにもなったという。

「毎日、無力感との戦いです。昨日言ったことをすぐに忘れるし、昨日できていたことが今日になるとできなくなっている。小学生を相手にしていると、〝自分が教えれば良くなる〟なんてことはないように思えてきて、ほかの先生から教わったこと、上級生から教わったこと、家庭の中で教わったこと、いろいろなことから、生徒ひとりひとりが自然に成長していくことがわかってきます。『おれが育てていくんだ』という意欲は大事ですけど、現実的には、全然そんなことはなくて、教員を長くやるほど、教えるリスクを考えるようになりました」

　森林監督が具体例として挙げたのが、佐々木朗希（ロッテ）の話だった。

「仮に、みなさんの中学校に、佐々木投手のような素晴らしい素材のピッチャーが入学してきたら、何を考えますか？」

　将来、球界の宝になるかもしれない逸材投手。指導者の責任は重大だ。

「いろんなことを教えようと意気込むことが、成長の邪魔になるかもしれません。何かを教えるよりも、ほどよく練習をさせて、成長痛があるときは無理をさせないで、身長が止まったところで練習を少しずつ増やして……みたいなほうがきっといいのかもしれません」

この考えは、高校生と接するときも基本的には変わらない。「監督が教えたからといって、劇的に成長するわけではない」という考えを持っている。

信頼を寄せる学生コーチの存在

森林監督への取材で、技術論を聞いた記憶がほとんどない。打ち方、投げ方、捕り方。そもそも、「そのテーマに話が及ぶことがない」と書いたほうが正確かもしれない。

筑波大の大学院でコーチング論を学び、体の使い方からトレーニングまでさまざまな知識を得た経験を持つ。そのうえで感じたことは、「唯一絶対の正解など存在しないのではないか？」ということだった。アイシングひとつ取っても、研究者によって考え方はわかれるものだ。「何でもいい」となると、少々乱暴な表現になるが、ヒントや情報は提供しながら、選手自らが試行錯誤しやすい環境を作る。

その手助けをしているのが、毎年10人ほどいる学生コーチ（慶應義塾大の学生）の存在だ。放課後の練習は、森林監督が到着する前に始まるため、最初の30分ほどは監督不在で行われる。

ピッチャーコーチ、キャッチャーコーチ、バッティングコーチなど、それぞれに役割が決まっていて、プレーの映像を撮ったり、ＹｏｕＴｕｂｅにアップされた海外の練習法を引っ張ってきたり、さまざまな角度から、選手の成長をサポートする。

昨年6月の取材時には、学生コーチがスタンドティーを使いながら、バッティングの指導をしていた。コーチが「ピッ！」と笛を吹き、その音を合図にバッターが振り出す。おそらく、トップからインパクトまで無駄なく振るためのスイング作りだろう……と思って、そばにいた森林監督に聞くと、「たぶんそうですね。今、大利さんに言われて、新しい練習をやっていることに気づきました」と思いがけない答えが返ってきた。

どこでどんなことをやっているのか、すべて把握しているのかと思っていたが、決してそんなことはないようだ。

「基本的には任せています。ほうれんそう（報告・連絡・相談）もそんなに細かくは求めていません。選手たちも監督に言えないことを、学生コーチに相談していることがたくさんあると思います。『これは森林さんに言ったほうがいいな』と思えば、報告に来ますし、『必要ないな』と思えば、彼らの中で止めているでしょう。〝守秘義務〟みたいなものもありますからね。こっちに言うか言わないかは、学生コーチのセンス。さすがに、ケガやコンディションに関しては、早めに伝えてほしいので、そのあたりはあらかじめお願いしています」

大学生のコーチ陣は、高校生とは年齢的にも精神的にも距離が近い。監督と選手の間に立つ役割を担い、学生コーチがいなければ、チームは回らない。

「高校生の立場からすると、50歳の大人に何でもかんでも相談なんかしないですよ。メディアの報道だけ見ると、ぼくと選手の距離が近いように感じるかもしれませんが、十分に距離を取られていると思います。別にそれで構わない。友達になりたいわけでもないですから（笑）。相談があれば、学生コーチにしてくれればいい。ただし、いざ勝負どころで、たとえばピッチャーに『どうだ?』と聞いたときに、『もう限界なので、代えてください』といったやりとりができるように、日頃からコミュニケーションを取ることは心がけています」

学生コーチに任せるところは任せたうえで、選手起用を含めた「采配」の実権を握る監督として、本音を聞き出せる関係性は作っておく。

実際に、2018年の北神奈川大会決勝の桐光学園戦では、エース左腕の生井惇己(日立製作所)とこんなやりとりがあった。6点リードした8回裏、生井が桐光打線につかまり、4点差にまで追い上げられた。森林監督は同じ左腕の渡部淳一(ENEOS)をマウンドに送り、生井をライトに回した。それは、「もう一度どこかで登板があるかもしれないよ」という意味を込めたものだった。

渡部は2点を失うも、その後のピンチをしのぎ、最終回へ。森林監督はベンチに戻ってきた生井に、9回裏の再登板の可能性を含めながら声をかけた。

「生井どうだ?」

「いや、もう無理です」

自分の状態、そして渡部への信頼からはっきりと再登板を拒否。森林監督も覚悟が決まり、9回表の生井の打席で代打を送った。

監督の仕事はプロデューサー

今、森林監督が考える「監督の役割」とは何か——。

「プロデューサーですね。就任して最初の3年ぐらいは、監督が全部知らなければいけない、わかっていなければいけないと思っていましたけど、どう考えても限界があることに気づきました。それよりも、その道の専門家にお願いして、チームにプラスになる人に関わってもらったほうが、より良い方向に進んでいく。そのさまざまな取り組みが結果としてつながったのが、昨年の日本一だと思います」

2021年の夏から本格的に始めたのがメンタルトレーニングだ。慶應義塾大の硬式野球部もサポートする吉岡眞司先生にお願いして、SBT（スーパーブレイントレーニング）を取り入れた。定期的に講義を受けるとともに、毎朝、〝生き方〟に関するコラムやメッセージが届く。

「簡単に言えば、何事も心の状態をプラスにして取り組もうということです。人間なので、気持ちが落ちることもあるけど、それを意図的に上げるトレーニングをする。こういう話も私が言うよりも、専門家にお願いしたほうが、説得力があって、選手も理解できますからね」

2022年秋の大会では、「ありがとう！」という言葉がグラウンドで盛んに飛び交っていたが、これも気持ちを上げるためのひとつのキーワード。「ありがとう！」と言われて、イヤな気持ちになる人はめったにいないだろう。

甲子園でも話題になったのが、親指、人差し指、中指を立てた3本指のポーズだ。もともとは、学生コーチが熱く語り始めたときに自然に現れるクセだったそうだが、それを慶應義塾なりの「No．1ポーズ」にした。このポーズをすることで、目標や目的や仲間との絆を思い出し、心をひとつにしていく。

夏の横浜との決勝で、キャプテンの大村が「いい顔で野球をやろう！」と仲間に声をかけていたのも、気持ちをプラスにするひとつの手段。いい顔でやろうと思えば、下を向くことはなくなる。

ただ、大人でも想定外のことが起きれば、心は揺れ動くものだ。いくら、心の持ち方をトレーニングしても、うまくいかないときは誰にだってある。

2023年夏の県大会準々決勝、先発した小宅を6回表から継いだのが、2年生左腕の鈴木佳門だった。7点リードしていたが、準々決勝の緊張感からか、なかなかストライクが入らずに2安打3四死球2失点。1イニングを投げ切れずに、再び小宅にスイッチした。

ベンチに戻ってきた鈴木は下を向いて泣いていた。それを見た森林監督は、「まだ試合は続いている。反省するのはあとから」と、ベンチ全体に聞こえるように声をかけた。

日本一に向けて、ここから8つ、または7つ勝つには、小宅ひとりでは不可能に近い。3年生のサイドスロー松井喜一（慶應義塾大）、そして鈴木の力が絶対に必要だった。

どうやって、メンタルを立て直していくか。鈴木はその日のうちにメンタルコーチの吉岡先生に自ら連絡を取り、翌日の昼、日吉の喫茶店でカウンセリングを受けることができた。

「対面で話を聞いてもらうことができて、楽になりました。気持ち的にちょっと力んでいたところがあったので、『もっと楽に、ひとりひとりのバッターに腕を振って投げることだけを考えたほうがいい』と言ってもらえて、吹っ切れたところがありました」（鈴木）

森林監督は、吉岡先生や鈴木本人から報告を受けたうえで、準決勝に起用した。得点差が開いた場面だったが、最後の1イニングを1失点でまとめた。決勝では、小宅のあとの二番手として7回からマウンドに上がり、2イニングを無失点に抑えて、逆転勝利を呼び込んだ。

「横浜戦の勝因はいろいろありますけど、佳門が終盤をゼロで抑えてくれたのが本当に大きかった。今までのうちであれば、あそこでずるずる失点していたかもしれません」

鈴木は甲子園の決勝で先発を任されるまでに、自信を掴み、日本一に大きく貢献した。

選手が成長するための環境は、監督が作る。あとは、選手がどのように生かしていくかで、その成長曲線は大きく変わっていく。

アイススラリーと交代浴で万全の熱中症対策

プロデューサーとしてもうひとつ、慶應義塾大体育研究所／大学院健康マネジメント研究科の稲見崇孝先生に依頼して、トレーニング指導をお願いするようになった。

まずは、自分の体を知ることから始め、ＩｎＢｏｄｙを使って身体組成を計測。さらに、バーベルの重量を変えたスクワットジャンプから、個人のタイプを5つ（ハイフォース／フォース／ウェルバランス／ベロシティー／ハイベロシティー）に分類し、それぞれに合ったメニューを作成。力も速度も高い、ウェルバランスに近付けるようにトレーニングを重ねた。

2022年12月、この学年の最初の計測時、渡邉千之亮は速度が優位のハイベロシティータイプで、加藤右悟がベロシティータイプだった。冬場、渡邉は重量を挙げることに力を入れ、春の大会では5本塁打を放つまでに力を付けた。加藤は、夏の大会前の計測ではウェルバランスに変わっていたという。

毎日の練習で、このトレーニングをサポートしたのも学生コーチだ。稲見先生が大学内に『スポーツサイエンスラボ』を立ち上げ、単位取得とは関係のない学びであるが、意欲のある学生コーチや、他競技の選手、アナリストなど10人ほどの学生が参加。月曜の6限目を使い、パフォーマンスやコンディショニングの計測方法、トレーニングの基礎知識を学んだ。

稲見先生も本業が忙しいために、いつもグラウンドに出られるわけではない。日常的に選手とともに過ごしている学生コーチに、さまざまな考え方を伝えることによって、取り組みの質を高める狙いがあった。

さらに、稲見先生は夏を勝ち抜くためのコンディション作りとして、特に熱中症対策に力を入れた。企業と共同で開発したシャーベット状の「アイススラリー」を、夏の大会のベンチに持ち込み、3イニングに1回ずつ1本飲み切ることを決め事にした。体の中から体温を冷やす「内部冷却」によって、脱水を防ぎ、暑い中でもよりパフォーマンスを持続できる効果が実験でも示されているという。

アイススラリーに関して難しかったのは、保存方法だ。前日の何時に冷凍庫に入れて、試合当日の何時間前に取り出せば、〝飲みごろ〟になるか。その実験はまだ誰もやったことがなかったため、森林監督が何度もシミュレーションをすることになった。

6月中旬の練習試合前日には、アイススラリー50個を自宅に持ち帰ったが、家庭用の冷凍庫に入れるには、すべての食材を出さなければいけない。家族から苦情が出て、「その日をもって、自宅での冷凍はあきらめました」と苦笑いを浮かべる。

「結局、クラブハウスの複数の冷凍庫を使って、試合前日には私が泊まるようにしました。実験を繰り返した結果、10時試合開始であれば、前日18時に冷凍庫に入れ、試合当日6時半に取り出し、クーラーボックスに詰める。9時20分頃には飲み始めることができました」

アイススラリーの管理のためだけに、夏の試合前日にクラブハウスに泊まる監督も、そうはいないだろう。稲見先生のサポート、そして森林監督の努力の結果、夏の大会中に足を攣ってプレーに支障が出た選手はひとりもいなかった。

甲子園に入ってからは、温かい湯と冷たい水に交互に浸かる交代浴を取り入れた。たまたま神奈川代表のホテルのすぐ隣に、いわゆる「スーパー銭湯」があり、交代浴ができる環境が整っていたのだ。稲見先生の研究によれば、温かい湯が42度で冷たい水が15度。お湯に90秒、水に90秒浸かり、この3分を1セットにして、5セット入る。つまりは合計15分。試合当日はホテルに戻ってから、できるだけすぐにスーパー銭湯に向かい、リカバリーに努めた。

また、筋量が落ちないように大会中もウエイトトレーニングを定期的に行った。体育研究所にあったポータブルのウエイト器具をトラックで新大阪まで運び、ホテルの地下駐車場2台分のスペースを契約し、即席の簡易トレーニング場を設置。試合がない日の割り当て練習のときにも、グラウンドに器具を持ち込み、トレーニングを重ねた。

甲子園大会後、ＩｎＢｏｄｙで選手の筋量を調べると、神奈川大会前と変わっていなかったという。夏の暑さの中でも疲弊することなく、戦い続けることができた証と言えるだろう。

ミッションの達成率はまだ50パーセント

日本一になったことで、慶應義塾のさまざまな取り組みが注目されるようになった。たとえば、「〝森林監督〟とは誰も呼ばずに、〝森林さん〟と呼ぶこと」（慶應義塾で「先生」と呼ばれるのは、福澤諭吉先生しかいない）、「丸刈りではなく、高校生らしい髪型が当たり前のこと」（伝統的に髪型は自由）など挙げればキリがない。

優勝監督として、森林監督がメディアに出る機会も増えた。取材は極力断らないスタイルで、自分の言葉に賛否が出ることもわかったうえで、インタビューに答えている。

「おかげさまで、優勝したことによって、発言できる機会をたくさんいただいています。大村が『日本一になって高校野球を変えたい』と言っていましたが、その志は私も同じです。多様性が尊重される世の中なので、いろいろな考えがあって当然いいと私も思っています。でも、たとえば丸刈りにしても、右向け右の指導にしても、『本当にそれでいいのかな?』と一度立ち止まって考えることによって、また違う見え方があるんじゃないかなと。私が一番イヤなのが、何も考えずに思考停止状態になってしまうこと。だから、『慶應だからできることでしょう』と言っている人を見ると、『その考えはもったいなくありませんか』と正直に思います」

森林監督自身、慶應義塾の影響力、ブランド力が大きいことは十分に自覚している。そして、慶應義塾に対して、一定数のアンチがいることもわかっている。

「今回の優勝でより実感しましたが、高校野球はほかのスポーツ以上に、注目度が高いのは間違いありません。高校野球を変えることが、うまくいけば、日本の社会を変えることにもつながっていくかもしれない。何かが変わったときの影響は、社会にまで波及していく。その可能性があると思っています」

日本一を果たすと、少し休みたくなることはないのだろうか。もう1回、チームを作り上げて、全国の頂点を目指すことは、強烈なエネルギーがなければできないはずだ。

2023年の秋は、準々決勝で桐光学園に0対4で敗れ、センバツ出場が絶望的になった。「夏の王者の敗戦」ということで、ヤフーのトップニュースにも上がったが、森林監督は「桐光さんは毎年強いので、波乱でも何でもないです」「神奈川の上位は紙一重の中でやっている」と、淡々と言葉をつないだ。

「休みたいとは思わないですね。今、自分自身に掲げているミッションは、『高校野球をちょっとでもより良い方向に変えていく』。それをやれている実感を持ちながら生きているので、毎日が楽しいですよ」

2023年にWBCを制した侍ジャパンの栗山英樹監督が、「歴史は勝者が作ってきた」と印象深いコメントを残していたが、森林監督も同じような考えを持っている。

「勝ちだけを求めているわけではないですが、勝つことによって、発信力や説得力が出てくることを今まさに感じています。それを生かしていきたいですね」

ミッションの達成率はどの程度か。

「まだ道半ば。だから、50パーセントぐらいですよ」

自分で決めた人生は自分で歩く。これからも唯一無二の二刀流を突き詰め、１００パーセントのミッション達成を追い求めていく。

CHAPTER
2

横浜

村田浩明

監督

「突き進んだ先に見えるものがある」
変えるべきところは
大胆に変え、
全国の頂点に挑む

2020年4月1日から、横浜高校の指揮を執る村田浩明監督。県立高校に11年勤めたあと、不祥事に揺れる母校の再建を託される形で戻ってきた。ここまで2021年夏、2022年夏と2度の甲子園出場も、いずれも2回戦で敗退。2023年夏は神奈川大会決勝で慶應義塾に逆転負け。甲子園で勝ってこその横浜であり、目標は全国制覇。土台作りの4年を終えて、次のステージに進もうとしている。

	秋		春		夏	
2020	県	ベスト8	中止		県	ベスト8
2021	県	ベスト4	県	ベスト4	県	優勝
					甲	2回戦
2022	県	＊3回戦	県	ベスト8	県	優勝
					甲	2回戦
2023	県	優勝	県	ベスト8	県	準優勝
	関	ベスト8				
2024	県	準優勝				
	関	1回戦				

＊新型コロナウイルスの感染により出場辞退

＊村田監督は2020年春から指揮

県＝県大会 関＝関東大会 甲＝甲子園

秋春夏を1シーズンと考えて、秋のシーズンは翌年に入れています

PROFILE

村田浩明（むらた・ひろあき）

1986年7月17日生まれ、神奈川県川崎市出身。横浜－日本体育大。横浜では1年秋からベンチ入りを果たし、甲子園では2年春に準優勝、3年時はキャプテンを務めて、ベスト8に進出した。大学卒業後、2009年から霧が丘で野球部長を務め、2013年秋から白山の監督に就任。2018年夏にベスト8進出。2020年から母校の監督に就き、2021年、2022年と夏の神奈川を連覇した。

忘れられない2023年夏、決勝敗退と家族との時間

2023年8月初旬、村田浩明監督は横浜市金沢区のグラウンドを離れ、妻と小学4年生の息子とともに九州にいた。3泊4日。温泉に入り、美味しいご飯を食べ、家族3人でゆったりとした時間を過ごした。2013年秋に白山の監督に就いて以降、8月にまとまった休みを取ったのはこれが初めてのことだった。

「あの決勝のあと、ぼくも家族も精神的に落ちるところまで落ちました。新チームの選手には本当に申し訳ないですけど……、夜も眠れずにずっと引きずったまま。それを知った福岡の朝倉医師会病院の山木宏道先生（整形外科医）が、『監督を助けたい。一度、監督も家族も心を休めてください』と九州旅行に招待してくれたんです。福岡の招待試合のときに知り合った同じ年の先生で、発想が豊かで面白い。グラウンドはコーチ陣に任せて、家族と過ごしてきました。おかげで、『こうやって助けてくれる人がいるのだから、また頑張らなくてはいけない』と前を向くことができて、本当に感謝しています」

7月26日、慶應義塾との決勝は8回裏まで2点リードする展開も、9回表に杉山遙希（西武）が渡邉千之亮（慶應義塾大）に逆転3ランを打たれて、3連覇を逃した。

9回表の守りで、微妙な判定があった。無死一塁から丸田湊斗（慶應義塾大）のセカンドゴロを峯大翔がさばき、ショートの緒方漣（國學院大）に送球。緒方は右足で二塁ベースの一角を触れたようにも見えたが、二塁塁審のジャッジは「セーフ」。タイミングは完全にアウトだったこともあり、

村田監督は確認のために塁審のもとに何度も選手を送った。

「緒方に確認したら、『絶対に踏んでいます』と。監督としては、選手の言葉を信じるしかありません」

閉会式を終えたあとにも、審判室に向かい再度確認を求めた。

「緒方がこれまで見たことがない落ち込み方をしていて、緒方の名誉を回復するためにも、思っていることを率直に伝えさせてもらいました。監督も選手も、人生をかけて戦っていますから」

プロ野球のような「リクエスト制度」がない以上、審判の判定は絶対であり、抗議によってジャッジが覆ることはまずない。試合終了後となれば120パーセント、判定は変わらない。それをわかったうえでの行動だった。

ただ、負けた原因はこのワンプレーだけではないことも、十分に理解している。序盤には守りのミスが失点につながっている。本当に強いチームであれば、9回裏の攻撃でもう一度、スイッチを入れることもできたであろう。

「いつもであれば、逆転されたあとでも、『もう1回攻めるぞ!』となるんですけど、あの9回裏に関してはならなかったんです。一度変わった〝流れ〟を食い止めることができなかった。お客さんの力、スタンドの雰囲気……。全国制覇するには、あの劣勢からもう一度ひっくり返せるチームを作らなければいけない。そこは、監督として非常に勉強になった試合でした」

慶應義塾が日本一を成し遂げただけに、余計に悔しさが募る。

「慶應は本当強かったですよ。個々の能力が高い。日本一になったことは、神奈川の人間として嬉しさと同時に、悔しさも当然あります。キャプテンの大村（昊澄）くんのチームをまとめる力が素晴らしく、そこも強さのひとつだったと感じます。うちの選手には、WBCで優勝した侍ジャパンを例に出しながら、『夏はチームワークのある学校が絶対に勝つぞ』と言っていたんです。うちも春から夏にかけてチーム力が上がっていて、手応えを持って夏に入れていました」

春は、準々決勝で相洋にタイブレークで敗退。その翌週、キャプテンの緒方は『俺がやる』というメッセージを三塁ベンチ内にあるホワイトボードに書き込んだ。

「ひとりひとりが、『自分がやってやる！』という強い気持ちを持って、リーダーシップを発揮してほしい」

緒方の言葉に呼応するようにチームはいい方向に進んでいき、夏の準々決勝では相洋にリベンジを果たしたが、最後の1イニングで甲子園を逃す結果となった。

最初に選んだ道は県立高校の教員

高校時代はキャプテンを務め、涌井秀章（中日）や石川雄洋（元DeNA）らとともに2004年夏に甲子園に出場している。2学年下に「スーパー1年生」と騒がれた福田永将（元中日）がいたこともあり、夏の大会は二番手捕手。当時の小倉清一郎コーチの厳しい指導に、村田キャプテンが感情的に〝キレた〟こともひとつの原因だった。

2018年発売『激戦 神奈川高校野球 新時代を戦う監督たち』で、貴重なエピソードを語ってくれた。要約して、紹介したい。

「夏の大会前に、渡辺（元智）監督が脳梗塞で倒れて、小倉コーチが指導している時期がありました。

ぼくはキャプテンなので、厳しいことをめちゃくちゃ言われる。6月の東北遠征では、ダルビッシュ有がいた東北高校（宮城）との試合前に、小倉コーチと些細なことで言い合いになって、『だったら、試合に出ねーよ！』と反抗したんです。スタメン発表したあとだったので、『いいから、お前は試合に出ろ』と言ってきたんですけど、『出るわけねぇだろう！』とまた反抗。小倉コーチはとんでもなく怒っていましたけど、こっちも納得いかなくて……。この試合でぼくの代わりに出たのが福田で、そこで大活躍。小倉コーチも『お前なんて、もういらねぇよ』となったんですよね。今思えば、幼かったと思います」

神奈川大会は、常にベンチからのスタート。準決勝の横浜商大戦の7回に、満塁から走者一掃のタイムリー三塁打を放ったときには、三塁ベース上で右手の拳を高々と突き上げて、吠えた。

「小倉見たか、ばかやろう！」

個人的には、神奈川高校野球史に残る名場面だと思っている。

決勝で神奈川工を下したあとには、泣きながら勝利の校歌を歌い、優勝インタビューでも泣き続けていた。感情が表に出るタイプだった。

指導者の道を視野に入れながら日本体育大に進んだが、硬式野球部ではなかなかうまくいかず、3年生になる頃にはほぼ休部状態となった。渡辺監督に相談に行くと、「うちの練習を手伝ってみないか」とありがたい言葉をもらい、3年生の冬から学生コーチとしてチームに入るようになった。4年時（2008年）の夏には、土屋健二（元DeNAなど）らを擁して夏の甲子園でベスト4にまで勝ち上がった。

「指導者として野球を教えたい」という気持ちは、日に日に強くなり、渡辺監督からは「横浜高校に戻ってこい」と誘いもあった。渡辺監督、小倉コーチのもとで野球を学べるのは幸せなことだったが、県立高校の教員採用試験を受験することを決意した。

当時、任されていたのはBチームの指導。メンバーには入れないが、他校であれば活躍できるような能力の高い選手がたくさんいた。陽の目を見させてあげたい。横浜に憧れる気持ちはOBとして十分に理解できるが、もし魅力のある学校がほかにあれば、違う選択肢もあったかもしれない。

たどり着いた結論は、「県立の監督として甲子園を目指す」。私学が圧倒的に強い神奈川において、県立高校が甲子園に行くのは奇跡に近い確率であることはわかっていた。でも、だからこそ、名門私学とはまた違うやりがいがあるのではないか。

夏の甲子園期間中に教員採用の二次試験を受け、見事に現役で合格。初任の霧が丘では、野球部の部長を4年務め、2013年から白山に移り、秋から監督に就いた。

グラウンドの草取りを自ら行い、横浜のOBの協力を得て、打撃練習ができる鳥かごを設置するなど、環境作りから始めた。当初は、「村田監督は厳しそう」という噂が広まり、14人いたはずの部員が新チーム初日には4人しか出てこないこともあったが、「野球部が一生懸命にやっている」という評判が広まり、全員がグラウンドに戻ってきた。

それまでは秋春の県大会に出るのがやっとだったチームが、コンスタントに地区予選を勝ち抜くようになり、2017年夏の県大会では2勝を挙げて3回戦進出。続く新チームは秋ベスト16、春ベスト16、夏（北神奈川）ベスト8と、ひとつ上のステージで戦うことができた。

「白山での7年間があるから、今の自分があるのは間違いありません。選手に愛情を注いで、一生懸命に取り組むことで、本当にいろいろな方が応援してくれて、力をもらいました」

同じ県立高校の指導者として大きな刺激を受けていたのが、当時は大師を率いていた野原慎太郎監督（横浜清陵監督）だ。村田監督は横浜出身、野原監督は東海大相模出身で、名門私立で3年間過ごしたのちに、県立の指導者になった共通項があった。年齢は村田監督が4つ下になる。

「大師を強くしていく野原さんの姿を見て、言い訳はできないなと。野原さんは『県立も私立も関係ない』と口癖のように言っていました。本当にその通りだと思います」

今も二人の良き関係は続いているが、それは野原監督の章（267ページ）で紹介したい。

恩師からの「お前しかいない」で覚悟を決める

2019年秋、愛する母校で大きな問題が起きた。当時の指導陣の暴言等が発覚し、学校は9月28日付で解任。同時に、高山大輝コーチが代行監督を務めることが発表された。

次期監督候補として真っ先に名が挙がったのが、白山を好チームに育て上げていた村田監督だった。10月には学校関係者から、「ぜひ母校に戻ってきてほしい」という連絡が入った。何度かのやり取りのあと、最終的に返事をしたのは年が明けた2月。年度が替わる直前まで悩んでいた。

「ありがたいことですが、引き受けるのには迷いもありました。最終的に、『よろしくお願いします』とお伝えしたのは2月です。妻と一緒に渡辺監督の自宅に呼ばれて、たぶん3時間近くお話をさせてもらいました。最後は『お前しかいない』という言葉をいただいて、それが決め手になりました。

育ててもらった横浜高校のために、できる限りの力を尽くしたい」

就任時には、渡辺監督が最後に指揮を執った2015年夏の決勝で着ていたユニホームをプレゼントされた。さらには、「就任祝い」として9つの言葉が書かれた色紙を贈られた。

一、目標がその日その日を支配する
一、愛情が人を動かす
一、言葉には味と真理がある
一、至誠天に通ず
一、選手を信頼しよう　全部員が財産である
一、個性は全体の中で輝く
一、勝利より敗北　成功より失敗
一、細心にして大胆　怪我・故障に注意
一、信頼・信念・自信　村田野球を目指そう

「『愛情が人を動かす』は、白山の監督に就任したときにも、渡辺監督からいただいた言葉です。人を育てるには、愛情が何より大事だと。監督をやればやるほど、その言葉の重みがわかります。星の数ほどある高校の中で、横浜高校を選んでくれた。愛情をかけて育ててきたご家族の想いを感じながら、今度はわれわれが家族と同じ気持ちで、選手たちを育てていく。最後は、監督と選手が

どれだけ信じ合えるか」

人と人が本気でぶつかり合う中で、怒ることも叱ることも当然ある。褒めることが愛情であれば、怒ることも愛情表現のひとつ。毎日の真剣勝負の中で、ひとつずつ階段を上ってきた。

「選手に最初に伝えたのは、挨拶、環境整備、全力疾走、全力プレーといった当たり前のことです。かっこつけていないで、高校生らしく泥臭く、一生懸命にやる。時代が変わって、高校野球の在り方も変わってきてはいますが、自分の中で大事にすべきことは変わらない。『周りから応援される、愛されるチームになる』ということです。正直、できていないと感じることが多く、チームの土台を作るためには時間が必要だと思いました」

勝つことは大事だが、勝つだけでは、人の心は動かない。高校生のひたむきな姿勢が、人の心を打つ。たとえば、一塁まで全力で走るのは、野球選手として当たり前のこと。その理由までしっかりと付け加えた。

「バッティングは打てないときのほうが多い。良いときも悪いときも、一生懸命にやる姿に価値がある。特に悪いときにこそ、人の姿が見えるもの」

就任1年目はコロナ禍真っただ中。さまざまな活動が制限された3年生の気持ちを最優先に考え、コミュニケーションを取ることに時間を割いた。ドラフト候補に挙がっていた度会隆輝（DeNA）とは1対1での対話を増やし、「結果じゃないよ。一番大事なのは、取り組む姿勢。全力疾走や、凡打のあとのベンチに戻る姿など、そういうところをしっかりやろう」と声をかけ続けた。

度会をはじめ、木下幹也（巨人）、松本隆之介（DeNA）、津田啓史（中日）と、のちにプロ入りする3年生が4人もいただけに、本気で甲子園を目指す戦いに挑みたかったが、それは叶わなかった。全体練習ができたのは4月のはじめだけで、そこからは緊急事態宣言で活動がストップ。6月6日に全体練習が再開したが、3年生23人で臨んだ独自大会は準々決勝で三浦学苑に6対7で敗れた。

横浜高校の野球をもう一度教える

センバツがかかった2020年秋は、準決勝で東海大相模に7回コールド1対9で完敗。翌春センバツを制する東海大相模に投打で圧倒され、石田隼都（巨人）に6安打に抑え込まれた。白山時代を含めて、公式戦での門馬敬治監督との対決はこれが初めて。結果的に、県内では最初で最後の対戦となった。

「東海大相模の強さは粘り強さ、我慢強さにあると感じます。チームとして戦っている。東海大相模が勝ったびに、今の横浜に足りないものが見えてきます」

2020年4月1日に監督就任が公になる数日前、ひとりで東海大相模を訪ね、門馬監督に「横浜高校の監督になります。よろしくお願いいたします」と頭を下げている。渡辺監督と原貢監督の時代から良きライバル関係にあり、神奈川の高校野球を引っ張ってきた両校だけに、東海大相模には特別な想いがある。

東海大相模に負けた頃から、村田監督がチーム全体に強く落とし込んだ言葉がある。

「1球に入れ！」

言葉を変えれば、「1球、ワンプレーに集中しろ」ということだ。それができれば、おのずとプレーの精度が上がり、チームの一体感も増していく。

「高校時代に、渡辺監督に教わった言葉です。『1球に入れ！　野球は2球や3球でやってないだろう！』とよく言われていました」

試合が始まれば、インプレー中に使うボールは1球のみ。「1球に入れ」をキラーフレーズにして、守備から野球を徹底的に教え込んだ。投内連携、カットプレー、挟殺プレーなど、横浜が伝統的に大事にしてきたことに、今一度立ち返った。

「〝自分の野球〟というよりも、渡辺監督、小倉コーチが築いてきた〝横浜高校の野球〟をもう一度教えていかなければいけない。その気持ちが強くありました。最初の3年間は土台作りとして、チームの基礎を固める。ひとつの道が見えていたので、信念を持って指導できたところはあります」

村田監督が考える「横浜高校の野球」とは？

「守備と走塁を中心にした、ソツがなく、緻密で細かい野球です。それができれば、負けない野球ができる。攻撃は打てないときにも小技を絡めて、1点を取りにいく」

ライバル校の監督が、「村田監督はかつての横浜の野球に戻そうとしているのでは？」と評していたことがあったが、その見方は間違っていない。

前任の平田徹監督（彩星工科監督）は、年間通してロングティーを取り入れるなど、個を伸ばすスケールの大きな野球を目指した。2016年夏から18年夏まで、圧倒的な打力で神奈川3連覇。教え子のひとりである万波中正（日本ハム）は、昨年パ・リーグで25本塁打を放ち、潜在能力を開花させた。

村田監督の考えは、打つことはもちろん大事だが、好投手を前にするとなかなか長打は出ない。野球でもっとも計算できるのは自分たちで支配ができる守備。失点をコントロールできるようになれば、おのずと負ける確率は減っていく。自滅をしない「負けない野球」を目指した。

「おれがおれが」の欲を捨ててチームのために戦う

初めて夏の神奈川を制したのは2021年。

準決勝で藤沢翔陵を9対1で快勝したあと、印象深いコメントが聞かれた。

「『自分を捨てられないと勝てない。〝自分よがり〟では勝てないよ』という話をすごくしてきました」

能力が高い選手が揃うときほど、「おれがおれが」の〝我〟が出やすいが、ビッグゲームこそ、〝欲〟を捨ててチームのために戦う。準決勝の初回には、先頭の緒方が出塁したあと、二番の安達大和がエンドランを決めて、無死一、三塁。相手の出鼻をくじくと、一挙に5点を先取した。さらに、6点リードした2回裏には一死一、三塁から、宮田知弥（明治大）がエンドランを成功させた。ともに、左打者の安達と宮田が逆方向に逆らわずにヒットを放った。

決勝の相手は、横浜のOBでもある森田誠一監督が率いる横浜創学館。序盤3回で9安打を集めて4点を奪い、主導権を握った。4回には一番の緒方がヒットで出塁後、安達が手堅く送りバントを決め、ここから6安打を集中させて一挙に7得点。5回にも送りバント、さらに9回には17点目をスクイズでもぎ取った。

「1点の重みです。何が何でも1点を取りにいく」

恩師・渡辺監督も、どれだけ点差が開いても送りバントを使う監督だった。横浜の野球を存分に見せて、3年ぶりに夏の王者に返り咲いた。

初めての甲子園では、広島新庄との初戦、9回裏二死まで2点ビハインドの苦しい展開も、1年生の緒方が起死回生の逆転3ランを叩き込み、劇的なサヨナラ勝ち。村田監督に甲子園初勝利をプレゼントした。続く2回戦では、先発した1年生の杉山が4回3失点と粘投を見せたが、智辯学園に投打で差を見せられ、0対5で敗れた。

緒方や杉山の代が、村田監督にとって自らリクルートに出向いた最初の学年になる。緒方はオセアン横浜ヤングで日本一、杉山は東京城南ボーイズのエースとして活躍していたため、他校からの誘いも当然あった。

「監督就任後、彼らが中学3年生の5月から動き始めました。甲子園を目指す学校としては遅い。有力な中学生はほぼ進路が決まっています。完全に出遅れた中で、緒方がうちを選んでくれて、のちに杉山も来てくれることになった。2人がいなければ、その後の横浜もなかったと思います」

口説き文句は、「横浜の新たな歴史を作ってほしい」。

小柄だった緒方は、「自分には細かい野球をやる横浜のスタイルが合っている」と冷静に判断し、横浜入学を決めた。杉山は県内のほかの私立に心が傾いていたが、ボーイズの先輩から「練習を見に来ないか？」と誘われたところ、緊張感と熱気に満ちたグラウンドの雰囲気に一気に心が惹かれた。

2022年夏を制したあとに見せた嬉し涙の理由

新チームは、まわりからの人望が厚い玉城陽希（日本体育大）がキャプテンに就き、村田監督が掲げた『結束力』をスローガンに始動した。

秋は新型コロナウイルスの影響で3回戦を前に、無念の出場辞退。春は準々決勝で桐光学園に敗れ、第二シードで夏に臨んだ。

それでも、夏は勝ち切った。5回戦の横浜隼人戦では、同点の9回裏一死満塁の大ピンチ。先発・杉山に代えて鈴木楓汰（日本製紙石巻）を起用する、覚悟を決めた投手起用で乗り切ると、決勝では原俊介新監督を迎えた東海大相模に1対0でサヨナラ勝ち。萩宗久（明治大）がライト前に運び、二塁走者の岸本一心（明治大）がホームに滑り込んだ瞬間、村田監督は一塁ベンチ前で顔を覆い、片ひざをついて涙を流した。立ち上がるまでに10秒以上はかかっただろうか。その肩には、どれほどのプレッシャーがかかっていたのか。

試合当日の朝、指揮官は決勝前の高揚感から4時に目が覚め、パソコンの前に向かっていた。部員71名全員に手紙を書くためだ。一番伝えたかったことは「3年生のためにやろう」。村田監督は3年生のことを、「横浜高校の野球部をつないでくれた代」と表現する。中学3年生の秋に、指導陣の不祥事が明るみになり、次期監督が決まっていない状況であっても、進路変更せずに横浜を選んでくれた選手たちだ。

進学がほぼ決まっていた選手たちでグループＬＩＮＥを作り、すでに中心的な存在になっていた玉城が「監督は代わるけど、おれたちは変わらないよな」と書き込んだこともあった。静岡の名門・裾野シニアから入学した岸本は、この言葉が決め手になったという。

玉城は小学6年時にNPB12球団ジュニアトーナメントのベイスターズジュニアに選ばれている。ジュニアチームを率いていたのが、横浜のOBであり、ベイスターズで首位打者を獲った実績を持つ鈴木尚典氏だった。「横浜高校を目指せよ」と熱い言葉をかけられたことが、憧れを抱く第一歩となった。中学では、横浜とのつながりが強い中本牧シニアに入団。そこで、OBの久保木大輔コーチに出会ったことで、想いがより一層強くなった経緯がある。

これこそが「伝統の力」と言えるだろう。不祥事があっても、横浜の野球に憧れる中学生は多数いる。それだけの歴史を、渡辺監督、小倉コーチはじめ、偉大なOBたちが築いてきた。

神奈川代表として臨んだ甲子園では、三重を4対2で下すも、2回戦で聖光学院に2対3で敗れ、2年連続で大会序盤に姿を消した。

守備からチームを作ってきたこともあり、なかなか点が取れない。フィジカル面を見ても、他県の強豪と比べると強さに劣る。前年夏を含めて、甲子園4試合で25安打9得点、長打はわずかに4本しかなかった。

緒方がキャプテンに就いた新チームは秋の県大会を制するも、関東大会準々決勝で健大高崎に2対5で敗戦。やはり、点が取れない。このあたりから、村田監督から「打線の強化。打てなければ勝てない」という言葉が頻繁に出てくるようになった。

エースの杉山が大黒柱として君臨し、ショートには守りの要の緒方がいる。就任時から大事にしてきた守備のベースはできてきた、という手応えもあった。

冬場は徹底した振り込みに時間を割き、春の3回戦の桐光学園戦ではじつに5本ものホームランが飛び出した。狭い保土ヶ谷、さらに外野寄りに吹く風の後押しもあったが、それでも5本のスタンドインはそうそう出るものではない。

とはいえ、昔から言われるように「打線は水物」。いつも打てるわけではない。準々決勝で相洋に3対4で敗れ、3年続けて第一シードを逃した。

秋・春・夏の戦いをつなげていく

秋と夏の神奈川は制したが、春はまだ優勝した経験がない（2023年春時点）。これには、村田監督ならではの戦い方も少なからず関係している。

「横浜はどんな大会でも勝たなければいけない学校です。甲子園につながらない春だからといって、負けていいとは思っていません。それでも、春はできるだけ多くの選手にチャンスを与えたい。そのうえで夏に向けたチームを作っていく。それが、チームの底上げとなり、夏に勝つことに必ずつながっていきます。チャンスがあった中でメンバーを決めるのと、まったくないなかで決めるのでは、納得感がまったく違います」

2022年の代でチャンスをつかんだのが、相模原市立大野南中野球部出身の鉾丸蒼太（松蔭大）だった。横浜の野球に憧れて、一般入試で名門にチャレンジ。50メートル6秒2の足を生かすために、走り打ちやセーフティバントを磨き、9番ショートの座を勝ち取った。

激しいメンバー争いは、春の県大会後も続き、1試合1試合の練習試合が真剣勝負となる。

2023年は、6月の練習試合で結果を残した左腕の切無澤英寿（拓殖大）が、直前で夏のメンバーに入った。横浜市立錦台中の軟式野球部出身。これまで県大会での登板はなかったが、練習試合での成長を見て、「必ずチームを助けてくれる場面がくる」と背番号10を送った。

2回戦（初戦）で先発デビューを飾ると、準決勝の横浜商戦でも先発に抜擢された。2日後の決勝に向けて、エースの杉山をどれだけ休ませられるか。村田監督には、「切無澤ならやってくれる」という信頼があった。

だが、横浜スタジアムの緊張感か、初回にいきなりの2失点。ベンチに戻ってきた切無澤に対して、「お前、びびってんのか？　そんなピッチングするために3年間やってきたのか。思い切って投げてこい！」とあえて厳しい言葉をかけた。2回以降リズムを取り戻すと、その後は5回まで無失点に抑え、6回コールド勝ちに貢献した。

試合後、村田監督の目はうるんでいた。切無澤の頑張りを称え、言葉に詰まった。

「下から這い上がってきた選手が、この準決勝の舞台で投げていることに感動して……。2回以降よく立ち直ってくれました。夏のメンバーに入れるかわからない選手だったのですが、気づけばいつも遅くまで自主練習をしていて、少ないチャンスでも必死にもがいて頑張っていました。彼のこの姿は、スタンドにいる選手の希望にもなります。本当によく投げてくれました」

試合が始まれば、監督ができるのは送り出した選手を信じることのみ。渡辺監督から贈られた色紙にもある通りだ。

「選手を信頼しよう　全部員が財産である」

　野手では、春の県大会後に小泉卓哉（国士舘大）を四番ファーストに抜擢し、夏も準決勝までスタメンを任せた。途中出場となった決勝は、6回裏に同点タイムリーを放った。

　相洋の高橋伸明監督が、「横浜は春と夏でチームがまったく違う」と語っていたが、それは村田監督自身も意識していること。同じチームでは夏は勝てない。

「こんなことを言うと怒られそうですが、夏に勝つことしか考えていません。そのために春があり、秋がある。ただ、これまでの経験として、夏と秋がつながっていないのを感じていて、やり方を変えていかなければいけないと思っています」

　2023年秋は、準決勝で東海大相模と大熱戦を展開。タイブレークで10回表に4点を失う厳しい展開も、その裏に5点を取り返して、サヨナラ勝ちを収めた。速球が持ち味の福田拓翔のストレートを打つために、主軸の阿部葉太と椎木卿五以外はバットを短く持ち、コンパクトなスイングに徹していた。その結果、6回までに8安打5得点。10回裏には、守備から入った林幸介、代打の松海青が追撃のヒットを放つと、代走で起用されていた松本莉希がサヨナラタイムリーを放った。ベンチ入り25人中18人が出場する総動員の戦いを制した。

「横浜のプライドを捨てて戦おう！」

　それが、試合前に村田監督がかけた言葉だった。まだまだ発展途上のチームだからこそ、力がないことを自覚して戦う。バットを短く持って食らいつく打撃は、その表れだった。

　だが、これだけの戦いをしても、決勝ではタイブレークで桐光学園に逆転負け、関東大会では花咲徳栄に力負けを喫し、センバツには届かなかった。

「まだチームとしての強さがない、ということです。横浜高校のやり方は、1年生でもいい選手がいるとすぐAチームに上げて、上級生と一緒に練習をさせます。個人個人は伸びていくのですが、新チームになったときに、チームがひとつになるまでにどうしても時間がかかる。個の能力はあっても、一体感やまとまりが足りない。そこをもっとうまくできれば、秋もチームとして戦える。参考にしたいのが、聖光学院のチーム作りで、春の段階で1、2年生主体のBチームは秋を目指して戦っている。そこでチームを作り上げているので、秋にも勝負ができる。うちも、そのやり方を取り入れたいと考えています」

福島・聖光学院の斎藤智也監督、横山博英部長からは、組織作りから技術指導まで教わることが多く、練習試合のたびに大きな刺激を受けている。昨年の夏の大会前には、軸足の股関節に体重を乗せて、重心を低くした聖光学院のバントを練習に取り入れていた。

良いところを残しながら、指導方針を大胆に変える

2024年春――、就任して4年が過ぎた。今年で38歳。就任時には見えていなかった白髪が目立つようにもなった。名門ゆえの苦労があったことは、容易に想像できる。

「勝たなければいけない重圧は常に感じています」

津田、安達、玉城、そして緒方と、各代のキャプテンがリーダーシップを発揮し、村田監督が目指す野球をひとつひとつ、チームに浸透させていった。ここからは「全国制覇」を本気で見据えて、

新たなステージに入る。

「最初（2021年）の夏の甲子園で智辯学園に0対5で負けたときに、圧倒的なパワーの差、スイングスピードの差を感じました。それは1年、2年でどうにかなるものではなく、3年間の積み重ねによるもの。あのときのうちは、まだ〝横浜高校の野球〟を作っている時期でした。今は、良いところを残しながらも、大胆に変えていこうと考えています。今の高校野球は緻密さだけでは勝てない。新基準バットに変わったとしても、打つチームは打つ。トレーニングを通して、体をどれだけ作っていけるか。自分が高校生のときからですが、横浜高校は伝統的に野球の割合が多く、わかりやすく言えば、野球が9割で、トレーニングが1割。がっちりした選手よりも、細身で動ける選手が活躍していました」

横浜の取材にはほぼ毎年来ているが、冬でもグラウンドで野球をしている印象が強い。ずっと野球の練習をやっている。

「私が就任して数年も、9対1の割合でやっていました。それを徐々に変えて、トレーニングの割合を増やしている段階です」

昨夏の大会前に杉山の取材をしたときに、ひとつ驚いたことがあった。2年生の冬から春にかけて球速が上がったが、その理由を聞くと、「スクワットなどウエイトトレーニングに本格的に力を入れるようになった」と口にした。そこまでやっていなかったこと自体、甲子園常連校としては珍しい。村田監督にこの疑問をぶつけると、興味深い言葉が返ってきた。

「渡辺監督、小倉コーチの時代から、高校3年間で野球の技術や考え方をみっちり教え込んで、体作りは大学やプロに行ってから、本格的に始めればいいという考えがありました。だから、横浜高校のOBは上で長く活躍する選手が多い。ぼくも同じ考えを持っているので、体作りの重要性はわかってはいますが、一気にウエイトトレーニングの量を増やそうとは思っていません。高校でやりすぎると、上で頭打ちになる恐れもあるので、伸び代を残しておきたい。勝ちたい気持ちは当然ありますが、その一方では高校野球は〝通過点〟であってほしいと思っています」

体の操作性や連動性を高めるために、創価大OBで高山コーチと交流が深い豊島和城トレーナーを招聘し、体の使い方に特化した指導をシーズン通して受ける。ウエイトトレーニングは器具が充実しているジムに、定期的に通っている。

「野球をやり込む日、バッティングの日、トレーニングの日など、今まで以上に計画性を持って取り組んでいきたい。体を作る意味で睡眠も大事にしていて、22時以降と6時半前の自主練習はあえて禁止にしています」

技術向上とフィジカル強化のバランスをどう取っていくか。それによって、これからの横浜の野球が変わっていく可能性は十分にある。

充実のスタッフとともに目指す全国制覇

毎年、有望な1年生が入学してくるが、2024年は投手陣を中心に例年以上に粒揃いだ。関東だけに限らず、東海、九州など各地から逸材が揃う。

「うちは、一生懸命にガツガツやる学校です。そこに魅力を感じてくれている中学生が多く、本当にありがたい限りです」

中学生のスカウティングは、２０２０年からタッグを組む村田監督、高山コーチ、関根剛コーチ（２０２３年度で退職）で分担して行ってきた。

２０２１年からは、かつて県高野連の専務理事を務めた名塚徹先生がスタッフに加わった。横浜のＯＢであり、60歳まで県立高校の教員を務めたあと、母校に戻ってきた。

さらに、２０２３年からは、県立高校で指揮を執っていた渡邉陽介先生が、村田監督の誘いを受けてスタッフに入った。福岡の県立北筑高校から日体大に進んだあと、川崎北、田奈、川崎工科で監督を務め、川崎北時代には佐相眞澄監督（県相模原）のもとで野球を学んだ。

「今、うちが求めている先生です。自分よりも年上で、ぼくに対して思っていることをストレートに言ってくれる。それでいて、相談がしやすい。選手の心にも、指導者の心にも入っていくのがうまく、渡邉先生が加わってから、指導者間の連携がさらに良くなりました」

名門校になるほど、ＯＢがスタッフに入ることが多いが、渡邉先生は横浜のＯＢではない。それでもあえて、オファーを出した。

「違う血を入れると言えばいいですかね。企業を発展させていくときに、違う業種から優秀な人を招くように、ＯＢではない人を入れたほうがうまくいくこともあるはずです」

大事なのはどれだけ魅力のある人なのかどうか。

「今、チームがうまく回っているのは、野球部に愛情を注いでくれるスタッフのおかげです。ＯＢや関係者を含め、本当にみなさんに助けられています」

２０２４年４月からは、大師高校で監督を務めていた小山内一平先生が野球部のコーチに入り、新たな組織作りを進めている。

目指すは、春夏６度目の全国制覇。甲子園で勝ってこその横浜である。

「渡辺監督、小倉コーチと比べられるのはもうわかっています。でも、渡辺監督も最初から甲子園で勝てたわけではなく、さまざまな経験をしながら、それを乗り越えてこられた。自分も乗り越えなければいけないときだと思っています。そのためにも、変えるべきところは大胆に変えていきたい。『村田の野球はこうだ』となるのではなく、個を伸ばしたうえで、その代に合った色を見つけていきたいと思っています」

勝たなければいけない重圧と、新たな野球を作る楽しみはどちらが上か。

「いや、もう楽しみですよ。ここから、やってやろうと思っているので」

毎年、自分自身に向けたスローガンを作っている。２０２４年、自らの心に言い聞かせているのがこの言葉だ。

「突き進んだ先に見えるものがある」

勝負の５年目。ここまでの経験を財産にして、全国制覇を目指したチーム作りにチャレンジする。

CHAPTER
3

東海大相模

原俊介

監督

伝統の攻め続ける野球に
独自の色を加えて
日本一を獲りに行く

東海大静岡翔洋の監督を経て、2021年9月に母校・東海大相模の監督に就任した原俊介監督。ドラフト1位で巨人に入団した元プロ野球選手でもある。春夏4度の全国制覇を成し遂げた門馬敬治監督の後任として、「タテジマのプライド」を継承する重責を任された。名門に求められる結果は、甲子園の先にある日本一。高い目標を成し遂げるために、原監督が目指す野球とは——。

	秋		春		夏	
2022	県	優勝	県	ベスト4	県	準優勝
	関	ベスト8				
2023	県	ベスト8	県	ベスト4	県	ベスト4
2024	県	ベスト4				

＊東海大相模監督就任後、3年間の成績

県＝県大会 関＝関東大会

秋春夏を1シーズンと考えて、秋のシーズンは翌年に入れています

PROFILE

原俊介（はら・しゅんすけ）

1977年8月30日生まれ。神奈川県秦野市出身。東海大相模—巨人。高校時代はキャッチャーで活躍。3年春にセンバツに出場するも、夏は5回戦で横浜に敗れる。1996年、ドラフト1位で巨人に入団後、2003年にプロ初打席初ヒットをマーク。2006年に現役引退後、早稲田大で教員免許を取得し、2016年から東海大静岡翔洋の監督に就任。2021年9月から母校・東海大相模の指揮を執る。

〝本気〟の選手が集まっているのが東海大相模の強み

２０２１年夏の静岡大会を目前に控えた頃、関係者から、門馬敬治監督の後任として打診があった。まったく想像していないことだったが、断る理由はどこにもなかった。

「原貢先生が築き上げた強い相模を引き継がなければいけない。重責はもちろんありましたが、それ以上に、野球人として母校の監督ができるのは幸せなこと。その気持ちは今も変わっていません」

就任直後の２０２１年秋に神奈川大会を制するも、関東大会の準々決勝で木更津総合に1対4、２０２２年夏は神奈川大会決勝で横浜に0対1でサヨナラ負けを喫し、あと一歩のところで、甲子園には手が届いていない。

「静岡（東海大静岡翔洋）にいるときから神奈川の学校とは練習試合をさせてもらっていましたが、戦うたびにレベルの高さを感じていました。ディフェンシブな静岡に対して、アグレッシブに攻めてくる神奈川。ホームベース上の戦いが特に激しく、キレのいいストレートを強いスイングで積極的に振ってくる。簡単に見逃さない。それを仕留めたチームが勝ち、仕留められないチームが負ける。昨年の慶應義塾戦で、改めて感じたことでした」

昨夏は5回戦で桐蔭学園、準々決勝で桐光学園と難敵を連破するも、準決勝で慶應義塾に1対12の6回コールド負け。3本塁打を含む7本の長打を打たれ、完全な力負けだった。

「投打ともに力があり、〝強いな……〟と正直感じました。『あれぐらいの力がなければ、日本一にはなれない』と体感できたのは、神奈川にいたからこそできた経験だと思います」

3年間、甲子園から遠ざかるだけで、「東海大相模の力が落ちたのでは……」という声が聞こえてくる。それだけ、周囲が求めるハードルは高い。前任の門馬監督と比較されることも、当然ある。

「門馬さんの偉大さは十分にわかっています。実績を残してきた方なので、比べられるのは仕方ありません。そのうえで監督を引き受けたわけですから。ぼくの性格上、表向きにあまり大きなことは言いたくないのですが、日本一を獲りたい気持ちは誰よりも強くあります。生徒も日本一を目指して、相模を選んでくれたわけですから、それを叶えてあげたいと思っています」

就任後半年は、選手への技術指導はほとんどせずに、動きや雰囲気を観察し、対話することに時間をかけた。なぜ、門馬監督時代の東海大相模は日本一になれたのか。それを知りたかったからだ。

「門馬さんの代名詞とも言えるのが、『アグレッシブ・ベースボール』です。積極的に攻める気持ちが練習から全面に出ていて、それがすべてにつながっている。相模に来て一番感じたのは、自ら声を出して、自ら練習する習慣が根づいていること。〝本気〟の選手が多く、〝本気〟で日本一を目指している。指導者に言われなくても、バットをよく振ります。それは、相模のグラウンドに流れている伝統でもあり、絶対に引き継がなければいけないところです」

野球部は1963年の創立と同時に創部され、初代の柴田光監督が礎を築き、1966年12月に就任した原貢監督が『攻撃は最大の防御なり』を掲げ、穴見寛監督、田倉雅雄監督、村中秀人監督、そして門馬監督がそのマインドを継承してきた。春夏通算23度の甲子園出場を誇り、5度の日本一。積極的に攻め続ける野球が、相模の強さを作っているのは間違いない。

原監督の父・康夫さんは、貢監督のもとでキャプテンと正捕手の大役を務め、1969年夏に甲子園に出場している（初戦敗退）。小さい頃、父親が貢監督に挨拶に行くときには、手をつないで、一緒にグラウンドに入った記憶もある。父親からは、「お前も相模で甲子園に行くんだぞ」とずっと言われてきた。

その言葉通りに東海大相模に入学し、村中監督のもとで１９９５年春に甲子園の土を踏んだ。１学年下にはプロに進んだ森野将彦（中日打撃コーチ）、稲嶺茂夫（ＤｅＮＡスカウト）らがいた世代だ。１回戦で県岐阜商に15対２で快勝し、父が歌えなかった校歌を歌うこともできた。

桐光学園の野呂雅之監督が、「門馬監督にはタテジマの血が流れている」と話していたことがあったが、それは原監督も同じ。ＯＢのひとり、そして監督として母校を愛している。

ただ、当たり前であるが、監督が代われば野球は変わる。練習メニュー、選手起用、戦術、ミーティング……、同じ考えになりうるわけがない。特に、前任の門馬監督の存在が強烈だっただけに、考えが少しでも変われば、選手たちは違和感を覚える。

２０２２年春の準々決勝で桐蔭学園に５対９で敗れ、２０１９年春から続いていた県内の公式戦連勝記録が59で止まったあと（２０２１年夏の新型コロナウイルスによる出場辞退は除く）、当時のキャプテン・松山拓馬（大阪商業大）と副キャプテン・笹田海風（東海大）が、「原先生はどのような野球を目指しているのか教えてください」と寮の監督室を訪ねたこともあった。決して不満があったわけではないが、互いに遠慮していた面があり、言いたいことがなかなか言えない状況が続いていた。

２０２２年の11月には、ライトのネットに長年掲げられていた『Aggressive Baseball』の横断幕を外した。門馬監督の教え子でもある遠藤愛義コーチ(2023年4月から東海大札幌コーチ)から、「もう外してもいいんじゃないですか」との助言もあってのことだ。

「まったく批判とかではなく、少し雰囲気を変えながら、ぼくなりの攻撃的な野球を展開できればと。攻める姿勢が大事なことは十分にわかっています」

アグレッシブさを土台に据えながら、原監督ならではの色を加えていく。そんな意思表示のようにも感じ取れた。

緊張で足が震えたプロ初打席で初ヒット

高校時代は強肩強打のキャッチャーとして注目を集め、1995年のドラフト会議で巨人から1位指名を受けた。当時、東海大相模から高卒1位でのプロ入りは初。周囲からの期待も、自分への期待も大きかったが、1年目の春季キャンプで圧倒的な力の差を感じた。

「えらい世界に来たな……と思いましたね。打つのも投げるのもレベルが違いすぎる。斎藤雅樹さんの球をブルペンで受ける機会があったんですが、スライダーがミットにかすりもせず、『お前、大丈夫か?』と心配されるほどでした。どうすれば、この世界で生き残れるのか。練習量だけでは追いつけない。答えはわかりませんでした」

必死に練習をして、ファームの中軸を任されるまでになったが、一軍の壁は厚かった。ファーストや外野も守り、出場機会を求めた。7年間一軍出場はなし。戦力外通告がちらつき始めた中、7年目のシーズンオフに単身でアメリカに渡り、フロリダ州にあるIMGアカデミーのトレーニングキャンプに参加した。今でこそ、アメリカでトレーニングをするのは珍しいことではないが、当時は稀。およそ3週間にも渡る武者修行だった。

「自分を変えなければいけない。勝負をかけなければいけない。その一心でした。はじめは通訳もいたんですけど、途中からは全部ひとり。朝から動き作りのプログラムがあって、みっちりトレーニングをやった結果、足がよく動くようになり、明らかに速くなったのがわかりました。バッティングをやると、今まで入らなかった右中間にもホームランが出る。体の動かし方が変わったことで、神経の伝達が良くなり、パフォーマンスが上がった。フィジカルによって、テクニカルが変わる。自分の野球人生を180度変えてくれた体験でした」

「もっと早く渡米していれば……」という気持ちも少なからずあったが、「それもまた人生」と受け入れている。

手応えを持って迎えた8年目の2003年。オープン戦で結果を残して、初めて一軍登録を果たすと、開幕2戦目の7回裏に代打で打席が回ってきた。マウンドには中日の左腕・久本祐一。簡単にツーストライクと追い込まれたところで、自らタイムを取り打席を外した。

「一軍初打席で、満員の東京ドーム。緊張で足が震えて、まったくバットが振れなかったんです。タイムを取って、『おれは何をやってんだ。お前は何のために今まで野球をやってきたんだ！』と自分に言い聞かせました。次はボールが見えたら、とにかく振る。めちゃくちゃ詰まったんですけど、いい感じにインサイドアウトでバットが出て、ライト前へのタイムリー。あのヒットがなければ、次もありませんでした。プロで一番印象に残っている打席です」

翌日も代打で登場。中日の野口茂樹から東京ドームの看板に直撃するプロ初アーチを放ち、高校の大先輩である原辰徳監督から、「お前の野球人生は始まったばかりだ」と記されたホームランボールを受け取った。今も、実家に大切に飾ってある。

この年は40試合に出場し、打率．２６７、3本塁打、8打点の成績。翌年以降のさらなる飛躍に期待がかかったが、チャンスをモノにすることができず、11年目の２００６年に戦力外通告を受けた。うまくいったことよりも、うまくいかなかった経験のほうが圧倒的に多い。しかし、指導者になった今はそれが大きな財産になっている。

「現役時代の終盤は、『ここで打てなければファームに落ちる』とか『今シーズンで終わるかもしれない』という、焦りやネガティブな感情が先行していました。チームのことではなく、自分のことしか考えていない。それが指導者になると、ノーアウト二塁からのセカンドゴロが戦況を変える大きな意味を持つことがわかるようになって、現役時代もそこまで考えられれば良かったんですけどね。代打で出ることも多かったので、強い打球を打つことばかり頭にありました。無死一塁の代打で、初球の変化球を引っかけてのゲッツーなんて、ベンチからすれば最悪ですけど、自分のことが第一にあるのでそれをやってしまう。もっと気持ちに余裕があれば、ライト方向を狙って、うまくいけば一、三塁を作ることもできたと思うんですが……、終わってからの反省がたくさんあります」

「巨人ドラフト1位」の肩書きだけ見ると、エリートにも感じるが、本人の中には「選手としてはうまくいかなかった」という気持ちのほうが強く残っている。

自分自身が楽しめ、のめりこめる仕事は何か？

現役を終えてから、２００８年に早稲田大人間科学部健康福祉科学科に入学。「身体」に興味があることが最大の理由だった。ＩＭＧアカデミーで実体験したことを、いつかはトレーナーとしてアスリートに伝える立場にもなりたい。

同じ年に、巨人の先輩・後藤孝志氏が立ち上げた「東京ＧＵＴＳ」の野球スクール事業に携わりながら、大学のオンライン授業を受け、科目によっては所沢のキャンパスまで通った。野球中心の生活を送ってきたため、本格的に腰を据えて勉強するのはこれが初めてのこと。決して、勉強が得意だったわけではないが、学ぶ楽しさを知った。

「研究室の先生の言葉がものすごく心に刺さりました。『わからないことが大事。わからないと思うことから、自分を成長させるチャンスが生まれる』。言われてみれば当たり前で、もしかしたら、同じようなことをぼくに言ってくれていた人もいたかもしれません。でも、目の前の野球に精一杯で、耳には入っていなかったのだと思います」

学ぶうちに、将来の方向性も見えてきた。トレーナーの選択肢もあったが、「これまでの経験を生かしながら、自分自身が楽しめ、のめりこめることができる仕事は何か？」と心に問いかけたとき、浮かんだのは高校野球の指導者だった。大学にもう1年残り、情報科の教員免許を取得した（その後、通信課程で体育科の免許も取得）。

卒論のテーマは『キャッチボールの実態調査』。昔から、「キャッチボールは野球の基本」という格言があるが、なぜそう考えられているのか。現役選手へのアンケート調査をもとに、その答えを探った。

「注目したのはメンタル面です。キャッチボールが上手な選手は、野球が好きな傾向にあって、好きだからこそよく練習をして、うまくなっていく。一方で、キャッチボールが苦手な選手は、野球もあまり好きではない。この気持ちの部分は、あまり注目されていませんが、たしかに納得できるところでした」

どのカテゴリーでも、ウォーミングアップの次に行われるのがキャッチボールであることが多い。野球において外せない練習であり、ここで悪送球を投げる不安があると、練習に対する気持ちも後ろ向きになりやすい。その後のボール回しやシートノックでスローイングミスをすれば、余計に目立ってしまう。ボールを投げる力がいかに大事なのか。わかっていたことではあるが、アンケート調査から再確認することができた。

大学卒業後、2013年にCSCS（認定ストレングス&コンディショニングスペシャリスト）、2014年にはNSCA−CPT（NSCA認定パーソナルトレーナー）の資格を取得。トレーニングに深い興味があったことも、このあたりからも感じ取れる。

日常生活を整えることが野球の上達につながる

大きな転機が訪れたのは2016年、39歳になる年だ。東海大静岡翔洋から、野球部の監督として誘いを受け、迷うことなく快諾。2004年夏を最後に、甲子園から遠ざかる翔洋の再建を託される形になった。

「技術指導よりも、生活指導をしっかりとやってほしい」

就任時、村上英治校長から送られた言葉である。生活があっての野球であり、学校があっての部活動。その順番を間違えないこと。原監督自身も、大切にしてきた考えだった。高校時代の恩師・村中監督からは、生活と野球のつながりを何度も何度も教えられた。

「掃除、挨拶、整理整頓。身の回りを整えていくと、心が落ち着き、どっしりと練習に打ち込める。高校生ながらにそれを感じることができたのは、村中先生のおかげです」

巨人に入団後、寮内を裸足で歩いていると、寮長から「アスリートは靴下を履きなさい。足元から冷えがくる。何かに引っかけて、爪が剥がれるようなアクシデントを防ぐこともできる」と指導を受けたこともある。些細なことだが、日常を整えることがグラウンドでのパフォーマンスにつながることを、周囲の人に教えてもらった。

東海大静岡翔洋に赴任後すぐに始めたのが、朝の時間を使った校内の掃除だった。野球部員が隅々まで環境を整えることで、学びやすい空間を作る。誰かのために時間を使うことで、心を整える狙いもあった。

原監督自身は朝早めに職員室に入り、掃除機をかけることが日課になった。コピー用紙の枚数を常にチェックして、教職員が働きやすい環境を作った。

2018年、2019年には、「学生野球資格回復制度」の研修会において、幾多の名選手の前で講師を務めた。巨人時代の担当スカウトで、高校の大先輩でもある津末英明氏もいれば、二軍監督として教えを受けた高田繁氏、さらには2019年にはイチロー氏もいた。

「壇上に立つ前に、『本日お話をさせていただきます。よろしくお願いします』と挨拶回りをしていました。もうずっと冷や汗をかきっぱなしですよ」

プロ野球関係者に、一番伝えたかったことは何か。

「学校生活があっての部活動。元プロが高校野球を教えるようになると、『技術を教えるのでしょう？』と思われるんですけど、そうではなくて、生活が何より大事。授業を落ち着いて受けられない生徒は、グラウンドでも集中力が切れやすい。そんなことをお話させていただきました」

学校ではクラス担任を受け持ち、寮では野球部員と寝食をともにした。

2021年夏まで指揮を執り、春の優勝が1度（2017）、準優勝が1度（2018）。夏は就任最後の年に初めて決勝に勝ち進み、準優勝を遂げた。

「就任した当初は、どうしても求める目線が高くなって、『何でこれができないのか』と感じることが山ほどありました。高校生なので、できないのが当たり前。ぼくが目線を下げて、ひとりひとりの生徒に合った指導を考えていかなければいけない。ある程度の失敗を許容して、『失敗こそ成長のために必要なこと』と捉えられるようになったことが、自分自身の成長だと思います」

甲子園には届かなかったが、選手とともに熱く激しく戦い続けた。原監督が始めた校内の朝掃除は、今も野球部の伝統として続いているという。

東海大相模に移ってからも、選手に伝え続けているのは自ら生活を整え、環境を作ることの大切さである。最初に教えたことは、素足でサンダルを履く寮生に対して、靴下を履く重要性だった。

18歳のときは、巨人の寮長から教わる立場だったが、今では伝える側になった。

「試合で活躍したい、高いレベルで野球をやりたいと思うのであれば、自分でコンディションを整えなければいけません。練習ではウォーミングアップ、クールダウンの時間をしっかりと取って、ケガをしないように注意を払う。ダウンの時間がなければ、寮や家に帰ってからストレッチの時間を作る。私が来た当初に比べれば、だいぶ定着してきています」

2022年には、深谷謙志郎（法政大）という気迫溢れるショートがいた。春の桐蔭学園戦で、足を攣って途中で交代した苦い経験があった。大会後、「毎日の食事や試合中のエネルギー補給も大事だけど、そもそもの筋持久力が足りていないのではないか。そこを高めなければ、夏も同じことになるぞ」と助言を送ると、早朝にグラウンドを自主的に走るようになった。

高校生は打ったり投げたり、ボールを使った練習には没頭しやすいが、それ以外の時間を自分のためにどれだけ活用できるか。ひとりひとりが自覚を持てれば、おのずと強いチームになる。

目指すのは、ひとりひとりが〝つながる野球〟

「東海大相模＝アグレッシブ・ベースボール」

旗印となる言葉があると、チームがひとつの方向に進みやすい。「うちはこういう野球をやるぞ」という意思表示にもなる。

原監督が目指す野球を言葉で表すと――。

「門馬さんのようなキラーフレーズはありませんが、就任してからずっと言っているのは、〝つながる野球〟です。打線も守備も声も気持ちも、つながることが大事。守備からリズムを作り、攻撃につなげていく。つながりが途切れてしまうと、攻撃では淡々とアウトを重ね、守備では1イニングに複数点を失いやすい。思考が止まってしまうというか、エアポケットに入らないように、間合いを取り、声をかけ合うことを常日頃から指導しています」

攻撃で大事にしているのは、「走者二塁以上」の状況を作り出すこと。ノーアウトが理想だが、ツーアウトからでも構わない。大事なのは、打席に入った選手の心の持ちようだ。

「その日3打数0安打のバッターが、最終回にツーアウトから仲間がつないでくれて、一、二塁で打席に入ったとします。そのときに、チャンスをチャンスだと思えずに、『やばい、打てなかったらどうしよう……』と後ろ向きの気持ちになっていたら、ヒットが出る確率は絶対に下がりますよね。『おれが打ってやるよ！』と強い気持ちになれるかどうか。チームの中で、『ランナー二塁は得点のチャンス』という共通認識があれば、ツーアウトからのヒット、盗塁でベンチの気持ちは上がり、バッターもそのムードに乗っていけるものです」

いわば、気持ちのつながりが、打線のつながりを生み出す。

2022年夏の決勝で、横浜に0対1で敗れたときには、ランナー二塁の状況を一度も作れなかった。4回表の無死一塁では、準決勝まで送りバントをほぼ完ぺきに決めていた及川将吾（亜細亜大）が、横浜・杉山遙希（西武）の巧みなピッチングと内野手のチャージが重圧になり、スリーバント失敗。対横浜を想定したうえでのバント練習が必要なことを痛感した。

守備面では、若いアウトカウントでのランナー二塁をいかに作らせないか。作られた場合には、「ここを抑えれば、次の攻撃で絶対にチャンスがくる」と、前向きに捉える。

守備のベースとしても原監督が大事にしているのが、グラウンドでの声の連携だ。

深谷が足を攣った2022年春の準々決勝、桐蔭学園との一戦では4回表に大量6失点。一死からエラーで出塁を許すと、4本のヒット、2つの四球が絡み、打者一巡の猛攻を受けた。桐蔭学園に渡った流れを食い止めることができず、ずるずると試合が流れてしまった。

大会後、深谷を中心に話し合い、選手たちで決めた約束事がある。

「嫌な流れを感じたときは、ショートのおれ（深谷）を見ろ。一度、みんなで目を合わせてから、声をかけ合おう」

夏には守備位置が近いセカンドの及川、サードの笹田が、深谷と目を合わせ、ジェスチャーで会話をするシーンが何度もあった。春とは明らかに違う〝つながり〟が見え、原監督が目指す野球を体現していた。

重要な状況判断――心は熱く、頭は冷静に――

しかし、前述の通り、決勝まで進んだ2022年夏は横浜にサヨナラ負け。8回まで快投を見せていた庄司裕太（東海大）が、9回二死二塁から萩宗久（明治大）にライト前にサヨナラタイムリーを打たれた。選手たちはその場に崩れ落ち、すぐに整列できないほど泣いていた。

サヨナラ打を浴びる前に、東海大相模側にとっては痛いミスがあった。一死二塁からのライトライナーを、ライトの求航太郎（東海大）が二塁に中途半端なワンバウンドを放り、ショートの深谷が後逸。二塁走者の岸本は三塁まで達していたため、余裕を持った送球で十分にアウトが取れ、延長に持ち込むことができた。

「夏の横浜戦のプレーもそうですが、大勢のお客さんが入る夏の神奈川大会において、冷静に状況を見極めることがどれだけ難しいかを実感しています。神奈川ならではの難しさ。ベンチからの声はほとんど届かないので、ひとりひとりが自立して、強い意思を持って、判断を下していく。それができなければ、神奈川を勝ち抜くことはできないと感じます。打ったり投げたりする能力が高い生徒はいるので、あとは状況判断です。勝負がかかる場面で、気持ちは熱く、頭は冷静に臨めるか。頭が冷静であれば、相手の表情を探ったり、試合展開を読んだり、いろんなことができるはずです」

普段の練習では起こりえないプレーが、公式戦では起こる。それが、高校生の野球だ。

東海大相模は伝統的に、闘志を全面に押し出した〝ファイター〟が多い。気持ちの熱さは申し分ない。ここに「冷静さ」が加えることができるか。

昨秋の準決勝では、横浜とタイブレークにもつれ込む熱戦を展開し、10回表に4点をリード。しかし、その裏に期待の左腕・藤田琉生が四球をきっかけに5点を奪われ、関東大会出場を逃した。「得点差を冷静に考えることができれば、あそこまで焦る必要はなかったんですけどね。やはり、大事なのは的確な状況判断です」と悔しさを見せる。

「高校生の場合、グラウンドにいる時間よりも、学校で授業を受けたり、寮で生活をしたりする時間のほうが圧倒的に長い。学校生活の中で中心的な役割を担い、人のために動いたり、人が嫌がることを率先してやったりすることで、心は育っていくと思っています。たとえば、誰かが脱いだスリッパを並べることもそのひとつ。こういうことは、一旦冷静になって、我に返るからこそできること。スリッパを並べる習慣が身に付けば、ほかの誰かが並べてくれたときに、感謝の気持ちも湧いてきます。並べることをしていなければ、そこにも気づけないわけです」

日々のひとつひとつの行動が、物事を客観的に捉え、冷静な判断力を養うことに結びついていく。

「自己中心的な発想でいると、気持ちが乗っているときや調子がいいときはうまくいったとしても、物事がうまく進んでいないときに対応ができない。試合も、いい流れで進むことのほうが少ないわけで、その中でも冷静に気持ちをコントロールできる力が必要になります」

やはり、生活と野球は密接につながっている。

「技術だけを追い求めないところが、日本の野球のいいところだと思っています。『野球道』という言葉があるように、野球をやることがさまざまな道につながっていく。勝った負けたも大事ですけど、未来のある高校生ですから、『負けたときに何も残らなかった……』とはなってほしくありません」

では、高校野球を通して、一番伝えたいのはどんなことか。

「野球は失敗が多いスポーツで、10回の打席で7回打てなくても一流選手になれます。だから、失敗を恐れないで、どんどんチャレンジしてほしい。今できないことであっても、努力し続けた先にできる喜びを知ってほしい。野球はうまくいかないことが多いからこそ、学べることが多いと思っています。伸び盛りの高校生なので、大人以上にたくさんのことを感じられるはずです」

できないことに気づくことも、うまくいかない苦しさも、努力した先に喜びが待っていることも、すべては原監督自身が経験してきたことである。

カギを握るインコースの使い方

２０２４年、投手陣の層の厚さは、全国的に見ても高いレベルにある。豊富な経験値が武器の高橋侑雅、塚本空輝、１９６センチの大型左腕・藤田、来年のドラフト候補に挙がる福田拓翔と、エース級のピッチャーが４人。新基準バットに変わり、投手有利になりやすいことを考えても、強みを生かせる状況にある。

原監督の投手育成の根本は、「ホームベース上で強い球で勝負する。ベース上で勝負できるピッチャーでなければ、甲子園では勝てず、上のレベルでも活躍できない」。よほどの技巧派でないかぎりは、変化球でかわすことはしない。

「コースに構えすぎて、ボール先行になると、高校生としてはなかなか苦しいかなと。それに、コントロールを気にしすぎてしまうと、本来持っていた腕の振りが緩み、スピードが上がってこない。それでは持ち味が消えてしまう恐れもあります」

理想に近いピッチングができていたのが、２０２２年のエース右腕・庄司だった。細かいコントロールはさほど気にせずに、ストレート、スライダーをハイテンポで投げ込み、キレとスピードで相手打線を封じた。

ただ、個人的に気になることがひとつ。右対右のときに、９割近くがアウトコースの配球になる。昨秋の横浜戦で特に感じたことだが、それ以前の庄司や子安秀弥（中央大）にもその傾向はあった。

ほかの強豪私学に比べると、インコースを攻める割合が極端に少ない。キャッチャー出身の原監督はどのように捉えているのか。

「外に構えるのは、ボール先行にしたくないというキャッチャー心理の表れ。『もっとインサイドを使うように』という話をするときもありますが、インサイドは長打のリスクもあるので、やみくもに攻めるものでもない。絶対に根拠が必要。そこも、状況判断につながってくるところです」

今春以降、インコースの使い方に変化はあるのか注目していきたい。

打者陣は昨秋の県大会後、木製バットに切り替え、練習試合でも木製を使用した。従来の金属バットに比べて、芯が細く狭くなる新基準バットに対応するための策だ。芯を外れると手がしびれることをあえて実感するために、素手で打つ。冬場も木製バットを継続して使い、「センター返し」「フェンスオーバー」などテーマを設定しながら、打ち込んだ。

「投手陣はいいものを持っているので、あとは得点力をどれだけ上げていけるか。芯で捉える確率を高めるとともに、対応力を磨いています。たとえばフルカウントのあとに、ミートポイントを近づけて、ファウルで粘ることで四球を奪い取る。ヒットが出ないときにどうやって、展開を作っていくか。得点を取るための引き出しを増やせるように意識しています」

試合の主役は監督ではなく選手

東海大相模の監督に就任し、まもなく3度目の夏を迎える。

原監督の野球から感じるのは、グラウンドに送り出した選手のことを信じ、「プレーをするのは選手」という考えが強いのではないか……ということだ。細かいサインで動かすことよりも、どっしりと構え、投手対打者の1対1の勝負に集中させる。

「やるのは生徒ですから。監督が狙い球を指示して、それを全部ヒットにしたらそりゃ強いですけど、絶対にありえないこと。監督だけの力では、どうにもならないことがたくさんあるのが野球です。アドバイスは当然送りますし、プレイボールがかかるまでに生徒の力を伸ばしていくのは、指導者の役割だと思っています。そのうえで、最後は生徒を信じるしかない。試合になれば、主役は監督ではなく、生徒です」

2022年夏の決勝で敗れたあとには、ベンチで呆然と立ち尽くし、目に涙を浮かべていた。悔しい気持ちは、監督も選手も同じである。

「指導者と選手は、運命共同体です。勝ったときには、生徒たちに勝たせてもらったと本当に思いますし、負けたときは、『力を発揮させてやれずに、申し訳ない』と心から思います。特に夏の負けは堪えるものです。監督をやった人しかわからないと思いますが、誰の顔も見たくないですし、家から一歩も出たくないですよ……」

それだけの想いがあるからこそ、誰よりも勝ちたい。東海大相模を応援してくれている卒業生やファンが多いことは十分にわかっている。就任当初は、インターネットの書き込みを見て、その内容に心を痛めることもあったが、「自分でコントロールできないことは気にしない」という桐光学園・野呂雅之監督からのアドバイスもあり、一切見ないようになった。

「伝統のある学校ですから、重圧はもちろんあります。ですが、〝負けてはいけない〟と思いすぎると勝負にならないので、〝勝つために何をするべきか〟と前向きな気持ちで取り組んでいきたい。生徒によく言っていますが、『勝負事は受け身になったらやられるよ』。監督である自分自身も攻めていきたい。本当に、外向きにはめったに発言しませんけど、勝ちたいし、日本一になりたいですよ。その景色を、生徒と一緒に見てみたいです」

自分自身の色はどこまで出せているだろうか。

「だいぶ、いろんなところで出せるようになっています。色を出せないと面白くないですから」

相模伝統の攻め続ける野球を大切にしながら、原監督独自の色を随所に加え、神奈川の頂点、そして全国の頂点を奪いにいく。

CHAPTER
4

桐光学園

野呂雅之

監督

**型があってこそ、
型を破ることができる
自分たちの型を信じてやり抜き、
日本一を目指す**

1984年に創部7年目を迎えたばかりの桐光学園の監督に就任。「野呂監督の歩みが野球部の歴史」と表現しても過言ではない。2001年にセンバツ初出場を遂げると、2002年には夏の神奈川を初制覇。2005年、2007年にも夏を制し、2012年には松井裕樹（パドレス）を擁して甲子園ベスト8進出も、これを最後に聖地から遠ざかる。基本となる「型」をより大切にして、日本一を狙う。

	秋		春		夏	
2020	県	準優勝	中止		県	ベスト8
	関	ベスト8				
2021	県	ベスト8	県	準優勝	県	5回戦
			関	ベスト4		
2022	県	ベスト4	県	優勝	県	5回戦
			関	2回戦		
2023	県	4回戦	県	3回戦	県	ベスト8
2024	県	優勝				
	関	ベスト8				

県＝県大会 関＝関東大会

秋春夏を1シーズンと考えて、秋のシーズンは翌年に入れています

PROFILE

野呂雅之（のろ・まさゆき）

1961年5月12日生まれ、東京都出身。早稲田実―早稲田大。現役時代は外野手。大学卒業後、桐光学園に赴任し、1984年に監督に就任。2001年春に初めて甲子園に出場すると、2002年に夏の神奈川を初制覇。2005年夏、2007年夏、2012夏と、春夏合わせて5度の甲子園出場を誇る。教え子に東條大樹（ロッテ）、松井裕樹、中川颯（DeNA）、渡部遼人（オリックス）らがいる。

桐光学園の〝型〟を信じてやり抜く

早稲田実から早稲田大を経て、桐光学園の監督に就いたのが1984年、23歳のとき。今年が監督就任41年目となる。

名門私学がひしめく神奈川で、少しずつ着実にチーム力を高め、1998年夏の県大会（東神奈川大会）で初の決勝進出。松坂大輔（元西武など）がいた横浜に3対14の完敗を喫した。春夏連覇を果たす横浜と比べて、パワー、スピードに劣ることを痛感し、食事やトレーニングに本格的に着手し始めたのがこの頃だ。

2000年には再び決勝に勝ち上がり、横浜と対決。6回まで2対1とリードする展開も、7回表に一挙4点を失い、3対5の逆転負け。ここから、目標を「甲子園」ではなく「日本一」に変え、「日本一を本気で目指す取り組みをしなければ、神奈川では勝てない」と求める基準を上げた。

同年秋の県大会を初めて制すると、関東大会でベスト8に入り、翌2001年にセンバツ初出場。石井正浩、藤崎勇人を中心にした強打を武器に、初戦で智辯学園を破り、甲子園初勝利を挙げた。だが、横浜の壁は高く、春夏連続出場を目指した夏は決勝で3度目の敗退。初回に2本の3ランホームランを放ち6点を奪ったが、7対10で敗れた。

初めての夏の甲子園は、3年連続の決勝となった2002年。清原尚志と船井剛のバッテリーで、東海大相模を2対0で下し、甲子園でもベスト16入り。その後は、2005年、2007年、2012年に夏の甲子園に出場。それ以降もコンスタントに優勝争いに絡むが、なかなか勝ちきれない。2018年夏（北神奈川大会）には決勝で慶應義塾に5対7で敗れ、あと一歩のところで悔し涙を流した。

2023年夏は準々決勝で、東海大相模に1対4で敗戦。続く準決勝で、東海大相模を投打に圧倒した慶應義塾が甲子園で頂点に立った。

慶應義塾の日本一をどう見ていたか。尋ねると、野呂監督らしい言葉が返ってきた。

「慶應さんは慶應さんのやり方で日本一になった。桐光学園には桐光学園が大事にしている〝型〟があります。そこを信じてやり抜いて、日本一を目指す。自分でコントロールできることに全力を注ぐだけです」

野呂監督の取材に行くと、必ずと言っていいほどこのフレーズが出てくる。自分でコントロールできないことは、気にしても仕方がない。

では、野呂監督が大事にしている〝型〟とは何か——。

キーワードとして何年も言い続けている言葉がある。

『自分で自分を育てる』

『必要とされる人間、応援される人間になる』

すべての行動はここにつながる。

「何のために高校野球をやっているのか。その目的は、この2つです。20年以上前から言い続けているのは間違いありません。今、レギュラーであろうがなかろうが関係なく、型を身に付けて、次のステージに進んでほしい。この3年間で身に付かなかったとしても、卒業したあとや、社会に出たあとに気づいてくれればいい。その先の人生で必ず生きてくるものだと思って、伝えています」

目標を叶えたいと思うのなら、自ら時間を作り出し、自分で自分を育てていく。

MLBのパドレスに入団したOBの松井裕樹が、2月のキャンプ初日に英語とスペイン語を交ぜながら取材対応をしたことが話題になったが、まさに自分で自分を育てる手本とも言える。

現チームで、キャプテンを務める森駿太に「ライバルは?」と聞くと、「いません。自分が一番に立てればいい」と強い意思を感じる言葉が返ってきたことがある。

「誰かと比べようとすると視野が狭くなってしまうので、比べる対象は自分。自分で自分を育てるほうがいいと思います。誰も見ていないところで、どれだけ頑張れるか。孤独を愛するというか、そういう選手になりたいです」

監督の教えが浸透しているのが、伝わってくる言葉だった。

自分で自分を育てることが何より大事

「『自分のことしか考えていません』と捉えられるとまたちょっと意味が違うけど、自分を育てるためにどうするかを一番に考える。選手には、『周りのことは必要以上に気にしないほうがいいんじゃない。敵は相手の高校ではなく、今日の自分自身。自分にどれだけ向き合って、闘うことができるか。今日の自分に負けるなよ』という言い方で伝えています」

何とも素敵な表現だ。

とはいえ、まだ精神的な浮き沈みが激しい高校生だ。大人であっても、さぼりたくなるときがある。

ついつい、楽なほうに流されるのが人間の〝性〟であろう。

「高校生は〝三日坊主〟ですから。考え方を変えれば、3日に1回指導をしたら、もう少し長く頑張れる。『お前は三日坊主だから、3日にいっぺん言うぞ。3日経ったら、また言うからな』と、実際に選手に言ったこともありますよ。10回ぐらい言えば、『監督、もう勘弁してください』と言って、そこでようやく身に付くこともあるかもしれません」

「三日坊主」とわかっていれば、アドバイスの仕方も変わる。良くも悪くも、「高校生はそんなもの」と思っておくことも大事なのだろう。

「そこはもう40年、15歳の終わりから18歳の終わりの学生さんを見ていますからね」

野呂監督が目指す理想のスタイルは、「高校野球の監督および高校教師の〝玄人〟」だという。玄人の意味は、「ひとつのものに熟達した専門家」。つまりは、15歳から18歳の高校生の心を育てることに関しては専門家でありたい。

「高校教師の〝プロ〟となると、学生さんも厚い壁を感じそうなので、〝プロ〟ではなく〝玄人〟。たとえるのなら、すきま風が通るような薄い壁。それは、今もずっと心がけていることです」

野呂監督の取材をしていると、「そんなところ見ていたんですか?」と驚くことが多い。

高校野球において、「技術指導は3～4割ほど。見ること、見守ること、会話することのほうが、圧倒的に時間が長い」というのが持論だ。

これまでの指導経験を生かし、玄人目線で高校生の成長を見守る。技術だけ教えても、高校生はうまくはならない。記録には表れないような好プレーや好判断を、「今のいいね」と一言声をかけるだけで、自信が深まることもあるだろう。

強く印象に残っているのが、２０２０年夏の県大会（代替大会）５回戦、横浜商との一戦で起きたワンプレーだ。

場所は保土ヶ谷球場。3対0で迎えた9回の守り、一死から三塁ベース際に飛んだ難しい打球を、サードの馬込悠（東洋大）がうまくさばき、ファーストにストライク送球を放った。記録上は、単なるサードゴロ。ダイビングで好捕するような、誰もがわかるファインプレーでもなかったが、野呂監督はこのプレーを褒めた。

「9回になればグラウンドも荒れていて、内野手としては難しい状況。その中で悪い体勢で捕りながらも、ファーストに優しい送球を投げた。結果から見たら、ひとつのサードゴロですけど、あれは練習のたまものですよ。物足りないプレーを指摘するのも大事だけど、いいプレーをちゃんと見てあげて、何気なくでも『良くなったな。上手くなったな』と伝えるようにはしています。細かいところは、こっちが見ようとしないと気がづかないことありますから」

選手にとってみれば、指揮官に認められることほど嬉しいものはないはずだ。

必要とされる人間、応援される人間になる

高校野球をするもうひとつの目的は、『必要とされる人間、応援される人間になる』。

一例として、わかりやすく伝えているのがバッティングケージの準備だ。

自分がいる場所から近いネットを取りにいくのが人間の習性であるが、もっとも遠いところまで

取りにいく人間が、組織では必要とされ、周りからも応援されるもの。それも、最初に気づいた人間が行動することで、次への準備がより早く進む。

「人間力を高めるためのマインドとして必要なのが、『信頼・尊敬・意欲』です。信頼はウソをつかないことや約束を守ることであり、尊敬は人のためにどれだけ利他的な行動を取れるかどうか。人のために動ける人間こそが、尊敬される。もし、自分が社長であれば、人の嫌がることを率先してできる人間をそばに置きたいと思うものです」

キーワードは〝利他的〟だ。己の欲だけで動いていては、自分勝手な人間と見られかねない。

新入生が入部する春には、毎年のように伝えていることがある。

「常日頃から、気配を感じられるような選手になれるといいよな。相手のちょっとした仕草を見て、次にカーブがくるなとか、このランナーをアウトにできるんじゃないかと、感じられるようになってほしい。気配を感じなければできないプレーだよな」

「『気配』という漢字に『り』を付けてみてごらん。『気配り』になるよな。おれが思うに、気配を感じられるようになるには、日頃からの気配りが大事なんじゃないかな。グラウンドでも学校でも日常生活でもそう。気配りができるようになれば、相手の気配も感じられるようになると思うよ」

桐光学園のOBに「野呂監督の話で今も覚えていることは?」と聞くと、多くの選手がこの「気配」と「気配り」を挙げる。それを、日常でも実践しているところに何度か出会ってきた。

2018年出版の『激戦 神奈川高校野球 新時代を戦う監督たち』で、松井裕樹の同級生であり、明治大で主将を務めたOBの中野速人を取材した。レストランでのインタビューを終えたあと、「今日はありがとうございました」と席を立ったあと、中野が机の下やイスの周りに目をやり、忘れ物がないかを確認してくれていた。

中野によると、大学生になってから、桐光学園のチームメイトと沖縄旅行に行き、グラウンドを借りて草野球をしたときがあったそう。「グラウンドを出るときには、みんなが周りを確認して、忘れものがないかチェックしていました。落ちているゴミもちゃんと拾って、きれいにしている。誰かに言われたからやるわけではなくて、みんなが自主的にやっていて、監督の教えが染みついているんだなと、本当に嬉しくなりました」と笑顔で語っていた。

昨年夏、廣瀬隆太（ソフトバンク）の取材のため慶應義塾大のグラウンドを訪れたときには、こんなことがあった。近くで別の取材を受けていた桐光学園ＯＢの谷村然（ＪＲ東日本東北）が、「お久しぶりです。高校時代は取材をしていただき、ありがとうございました」と丁寧に挨拶をしてくれた。こんなことを言われたら、ずっと応援したくなるものだろう。

野呂監督にこのやりとりを伝えると、「そういう話を聞くのは嬉しいですね」と顔がほころんだ。

桐光学園の出身者は、大学野球で活躍するだけでなく、幹部に名を連ねることが多い。

明治大では、前述の中野が２０１７年に主将を務め、２０２２年には山田陸人（ＥＮＥＯＳ）、さらに２０２４年には直井宏路が副主将に就任。野呂監督の母校でもある早稲田大では、２０１３年に東條航が主将を務めている。法政大では、建部賢登が２０１２年に主将を任された。東都大学野球に目を移せば、立正大で２０１６年に根本郁也（七十七銀行）、２０２１年に桂川弘貴（神奈川フューチャードリームス）、中央大で２０１９年に大工原壱也（三菱自動車岡崎）が主将としてチームを引っ張った。
野球がうまいだけでは幹部には推薦されない。他者への気遣い、気配り、そしてリーダーシップがなければ、大所帯の野球部をまとめることはできないはずだ。

誰かのために心を尽くす

教員生活が長くなればなるほど、野呂監督の胸には嬉しいエピソードがいくつも溜まっていく。過去の取材で聞いた話をいくつか紹介したい。

「数年前に、大学に進んだOBが4年生のときに骨折をしてしまったことがあって、ベンチを外れるものだと思っていたら、骨折をしながらもメンバーに選ばれていました。指導者に聞くと、『あいつは人のために声を出すから、外せないんですよ、野呂さん』と教えてもらって、それはすごく嬉しかったですね。もしかしたら、彼がヒットを打つこと以上に嬉しかったかな。声を出すことしかできないにもかかわらず、その1枠を与えてくれた。本当に必要とされる人間でなければ、そうはならなかったはずです」

もっと前には、誰かのために心を尽くし、頑張ることで、自分の目標を叶えた選手もいた。
「その日はオープン戦があって、朝6時ぐらいに学校に来たら、先にグラウンドに出て、ホームベース周りを丁寧に整備している3年生のキャッチャーがいました。メンバーには入っていなかったけど、本当に丁寧にやっている。だから、『お前、えらいな。レギュラーが早く来て、自分の守るところを整備するのはわかるけど、同じキャッチャーの一員として、人のために整備できるのはえらいよ。きっと、そういう姿を見てくれる人がいるはずだよ』と声をかけたんです」

　一般受験で大学入試にチャレンジしていたが、なかなか合格に至らず、卒業式の前に会ったときには、「あきらめずに頑張っていこうな」と声をかけた。

「それが卒業式の当日に、おれのところまで走ってきて、『監督、今補欠合格が出ました！』と本当に喜んでいて。それはもう嬉しかったですよ」

　生徒の頑張りが報われた瞬間に出会えることが、教員としての喜びのひとつになる。

　また、かつてはこんな選手もいたという。

「6月の合宿中（夏の大会前に校内で実施）、朝6時ぐらいに学校の廊下を歩いていたら、うちの3年生部員が前を歩いていました。保健室の前に落ちていた小さなゴミを見つけると、ごく自然に自分のポケットに入れていた。合宿で疲れている中で、誰も見ていないところでの行動でした。あれを見たときも、嬉しかったな。不思議なもので、こういう選手が夏に活躍する。春は下位打線だったのが、夏の大会中に調子を上げて、上位を打つようになりました」

　これもまた〝たまたま〟の偶然なのかもしれないが、野呂監督の中には、「人間的な成長がなければ、技術も上がっていかない」「頑張り続ける選手にしか、〝運〟は付いてこない」という持論がある。

「グラウンド外で気づきの少ない人間がはたして、緊張感のあるグラウンドで相手の変化に気づくことができるのか。練習が大事なのは間違いないですけど、同じように生活も大事。それを、おれに言われてから動くのではなくて、自ら動けるようになることが、『自分で自分を育てる』ことにつながっていくと思っています」

取材に行くと、グラウンドのそばにあるトイレに、『桐光学園野球部MVV』というシートが貼ってあることが多い。Mission、Vision、Value の頭文字を取ったものだ。大会ごとに選手たちの手によってアップデートされ、それを見ると今何を大事にしているかがよくわかる。

昨秋の関東大会後に作られたシートには、「誰の仕事でもない仕事を取りこぼさない組織」という印象的な言葉が書かれていた。森がその意味を教えてくれた。

「落ちているゴミに気づいて拾うのは、誰の仕事でもありません。落ちているボールを拾うのも、誰の仕事でもない。振り返ってみると、そういうところに甘さがあって、チーム全体にちょっとずつ綻びが出ていました。三角形の一番上がてっぺんだとしたら、頂点だけを見ずに、底辺を大きくしていきたい。気配り、目配り、心配り、そういうことが野球にもつながっていくと感じています」

野呂監督が大切にしている言葉のひとつに、「無用の用」がある。

「個人的に、『無用の用』って言葉が好きでね。周りの人が見たら、意味がないと感じるようなことでも、それを続けていくことが、いずれは自分の成長につながっていく。すぐに結果を求める学生さんが多いけど、大事なことはコツコツと丁寧にやり続けること。高校時代の自分がまさにそのタイプで、そこだけは『能力のある選手に、絶対に負けないようにやろう』と思っていましたから。そこひとつひとつのメニューの狙いややり方をきっちりと理解して、100パーセントやり切る。そこしか、『人に勝れるものはない』と言ってもいいかもしれません」

自分がやるか否か。そこは、他者に左右されずに、自分自身でコントロールできるところだ。

「ここ数年、大事にしている言葉が『やり抜く力』です。『グリット』という言葉が一般的にもなってきたけど、自分で自分を育てていくために絶対に必要なベースと捉えています」

野呂監督の口からこの言葉を初めて聞いたのが、２０１７年の春の大会だった。「非認知能力」が注目され始めた頃と重なる。

「大事なのは、頑張るだけではなく、頑張り続けられるか。でも、それは監督が言うだけでなく、ＯＢの活躍を見れば、自然にそういう流れができるようになるもの。毎年12月下旬にＯＢ戦をやっているけど、神宮大会で活躍した先輩もいれば、東京六大学で首位打者を獲った先輩、早慶戦で投げた先輩がいて、頑張り続けた先にある姿を見ているわけです」

手本となる先輩が身近にいる。それが、チームの伝統として根づいていることが、今の桐光学園の強みと言える。

5対2、5対3の〝型〟があってこそ〝型破り〟ができる

ここまで書いてきたのは、自分の人生を作るための〝型〟。大人になって、社会に出たときにも、『自分で自分を育てる』『必要とされる人間、応援される人間になる』は必ず役に立つことだ。

では、野呂監督が考える野球の〝型〟とは何か——。

「これも20年前から言っているけど、5対2、5対3で勝つための野球をする。それが、桐光学園の戦い方。ずっと変わらないことです」

打線は5点以上取るための打力の向上と、作戦の引き出しを増やし、守備は3点以内に抑えるために取れるアウトを確実に取り、状況や展開を見たうえで必要なポジショニングを身に付ける。

「亡くなられた中村勘三郎さんが、型破りな歌舞伎を演じられていましたが、『しっかりとした型があるから、型破りができる。型がない役者がやれば、ただの形無し』とおっしゃっていて、本当にその通りだなと。型があってこそ、型を破ることができる。夏の大会で優勝するには、最低でも7連勝が必要で、何試合かは序盤にピッチャーが崩れて打ち合いになったり、5対2、5対3とは違う展開が必ず出てくるものです。そういうときこそ、型を破った戦いが必要になります」

2023年秋には17年ぶりに神奈川大会を制したが、決勝の横浜戦は壮絶な打ち合いとなった。準決勝に次ぐ連戦となったため、桐光学園は法橋瑛良、横浜は奥村頼人と、エース格がベンチスタート。この時点で、型通りにはいかない展開が予想できた。

序盤から得点を取り合い、5回を終えて6対9。終盤に粘り強く得点を重ねたが、最終回を迎えた時点で9対13と、リードを広げられていた。

桐光学園は9回表、1点を返してなおも一死満塁で四番・中村優太に打席が回った。この直前、三塁側ベンチにいた野呂監督は中村を呼び寄せ、何やら耳打ちをした。ベンチの前に出そうな勢いだったため、球審から珍しく注意を受けたが、それでも「悔いは残したくなかった」と言うべきことを伝えた。

「強引にならずに、センターから逆方向を狙っていけ」

6回、二死一、二塁で迎えた第四打席で、空振り三振を喫していたのが気になっていた。準決勝でホームランを打ったこともあり、やや気持ちが引っ張りに入っているのではないか。とにかく、意識を逆方向に置く。

中村は、初球の外のスライダーを理想通りに右中間に弾き返し、2人の走者が還って1点差に。さらに、白鷹悠人の犠牲フライで同点。その後、タイブレークに入った10回表に2点を勝ち越し、15対14で激闘を制した。

「うちの型ではなく、完全に型破りの試合。けど、負けなかった。最後に1点多く勝っていればいい。こういう展開で負けないのが、メンタルの強さじゃないかな。決して、最初からメンタルが強かったとは思わなくて、ひとつずつ勝ちながら、雪だるま式に強くなってくれました」

わざわざ、ベンチに呼び寄せてまで伝えた助言。「あのときと同じ感覚かな……」と振り返るのが、2007年夏、菅野智之（巨人）がいた東海大相模との決勝だ。

3点ビハインドで迎えた7回表、無死からの連打で一、三塁とすると、三番の好打者・政野寛明を同じようにベンチに呼び寄せ、「ここでセンター前を打っても、この試合は拾えないから、思い切ってホームラン狙ってこい」と言葉をかけた。劣勢をひっくり返すには長打が必要。2ボールからの甘いストレートを迷いなく振り抜くと、右中間を破る三塁打となり、1点差に迫った。その後、犠牲フライで追いつくと、9回表に山野周に2点適時打が生まれ、甲子園を掴み取った。

“型”の大事さを実感した2023年春の戦い

2023年春はあえて打つことにこだわって試合をしていた。

無死一塁で、今までならバントを使う場面でも強攻策で臨む。中村、森を中心に、バットを強く振れる選手が揃っていた背景がある。

「あのときは、6対3や7対4で勝つような戦いをしていきました。初球からどんどん振っていき、バントをあまり使わずに打っていく。ただやっぱり、好投手になるとそうは打てないもの。ヒットは続かない。わかってはいたんですけどね」

3回戦で横浜の杉山遙希（西武）に抑え込まれ、2対10の7回コールド負けを喫した。

大会後、野呂監督は興味深い話をしていた。

「はじめから打って勝とうとする意識が強いと、失点に対する意識が下がるというか、低くなることを感じてしまう。たとえば、練習試合で序盤に大量点を取って、12対2で勝っている展開でも、点差があるからとランナー三塁の場面で後ろに引いて守っているうちに、終わってみると12対8になっている。失点に対して、『ドンマイ』とまでは言わないですけど、『いいよ、いいよ』となるような戦いで、トーナメントを勝ち続けられるのか。勇気を持ってバットを振れる土台はあるので、夏に向けてはもう一度、守備の精度を高めていきたい」

「5対2」や「5対3」の基本型があるからこそ、最少失点で抑えるための守備力を磨く。昨春は、〝型〟の大事さを改めて実感する戦いになった。

今春の公式戦から反発力の低い新基準バットに切り替わるが、基本型は変わらない。

「長打率が減る可能性が高いと考えた場合、走塁の判断力が非常に重要になる。ランナー一塁からのレフト前ヒットで、相手の守備位置や捕球の体勢を見て、一気に三塁まで陥れたり、外野手の油断を突いてシングルヒットの打球で二塁を奪ったり、そういうことができるかどうか。ただ、判断力を磨くのは、とても時間がかかるもの。『暴走と好走は紙一重』という言葉は本当にその通りです」

２０２２年春、横浜スタジアムで行われた桐蔭学園との決勝で、当時1年生で二番を打っていた矢竹開がセンター前ヒットで迷わずに二塁を奪い取った好走塁があった。センターのチャージが甘いところを見逃さずに、隙を突いた。こういう判断ができるからこそ、野呂監督は1年生であってもスタメンで起用する。

「初回に1点を取られて、流れが相手にいきそうな場面だったけど、あの走塁で完全にフラットに戻った。怖いもの知らずというのもあるけど、あの走塁ができるんだから、何というか期待はしたいですよね」

判断力の例として挙げるのが、今はオリックスでプレーするOBの渡部遼人だ。慶應義塾大では、1年春から8シーズン続けて盗塁を決めたが、成功24に対して失敗0。プロから評価されるスピードを持っていたとはいえ、4年間で失敗0は価値が高い。

「アウトになりそうなときはスタートを切っていない、と考えることができる。それも、走塁の判断力のひとつです」

野呂監督がよく口にするのは、「いい選手＝判断力に優れた選手」。これも、20年前からずっと言い続けていることだ。

人間性が求められる60代の生き方

２０２１年5月12日に還暦を迎え、選手たちから朱色のオリジナルユニホームをプレゼントされた。塩脇政治部長からそのときの写真を送ってもらったが、野呂監督を中心にして、チーム全員が満面の笑みを浮かべ、部員から愛されていることがよく伝わってきた。

今年の誕生日で63歳。かわいい孫が2人いて、孫の話になるとおじいちゃんの顔になる。健康には人一倍気を遣い、生活のルーティンをできる限り変えず、ランニングで汗を流す。

野呂監督からもらった言葉は、どれも印象に残っているが、15年近く前の取材でこんな話を聞いた。その年代を生きるために必要な力として、ブランデーの等級を表すVSOPをたとえに、20代はバイタリティー、30代はスペシャリティー、40代はオリジナリティー、50代はパーソナリティーという考えがあるという（頭文字を取ると、VSOPになる）。今も覚えているのが、「60代になるとヒューマニティーが加わり、人間性に磨きをかける時期になるそうです」と話していたことだ。

60歳を過ぎた今、思うことはあるだろうか。

「たしかに、その話をしましたね。〝人間性〟という言葉から考えるのは、人を育て、人を遺すことかな」

取材中、OBのことを話しているときが、一番嬉しそうな顔をしている。社会に出た卒業生が活躍していることが、何より嬉しく、何にも代えられない財産となっている。

近年は、野呂監督を中心としたスタッフが充実し、塩脇部長、石井雅裕顧問、天野喜英コーチ、増田仁コーチに加えて、2019年からは教え子である吉田干城氏（横浜ベースボール整骨院院長）がトレーニングとメンタル面の指導に入っている。吉田トレーナーの指導のもと、体重や筋量は年々確実にアップし、さらにケガの予防にも力を入れ、自分で自分の体をケアし、整えることに時間を割くようになった。フィジカル面では、甲子園に出てもトップクラスの数字を持っている。

「ひとりの選手を育てるために、今まで以上に細かい視点で、スタッフ間でコミュニケーションを取りながら進めていけるようになっています」

目標は日本一。2000年夏の決勝で横浜に敗れたあのときから、一度もぶれることはない。

2023年秋の関東大会、初戦の文星芸大付戦で印象に残るプレーがあった。

2回裏の守りで、一塁の内野席方向にファウルフライが飛んだとき、ファーストの森とセカンドの白鷹が追いかけるもスタンドへ。打球の行方を確認したあと、すぐに自分のポジションにダッシュで戻り、プレーが再開した。スコアブックには何も記されないプレーであるが、野呂監督が2001年春に初めて甲子園に出たときから大事にしてきていることだ。

「センバツに出させていただいたときに、高野連の方から『甲子園は全国の高校生の憧れの場所であり、お手本になるようなプレーをぜひ見せてください』といったお話がありました。そのときにファウルフライを追いかけたあとのポジションへの戻り方についても、教えていただきました。もうそこからですね。結果的に甲子園に出られないことはありますが、甲子園で戦うための準備は常にしています」

かつての取材で、「夏の大会前に不安で眠れないことはないんですか?」と聞いたことがある。「負けたらどうしようと思ったことはないかな」と答えたあと、笑顔でこう続けた。

「夏の大会前の最後の1カ月は、優勝して、みんながマウンドに集まるシーンを常にイメージしていますよ。こっちも勝つことを信じてやっているからね」

20年以上大事にしている〝型〟を、今まで以上に深く突き詰め、日本一を獲りに行く。

CHAPTER
5

相洋

高橋伸明

監督

「横浜、相模に勝つ！」が
土台にあるマインド
欲深く、貪欲に──。
そろそろ、狙うときが来た

2023年春、横浜と東海大相模を連破し、旋風を巻き起こした相洋・高橋伸明監督。中学生を口説くときの決め台詞は、「横浜、相模を倒すぞ!」。今年、就任13年目。39歳。一歩ずつ着実に階段を上り、頂点を意識するステージにまで登り詰めてきた。欲深く、貪欲に――。初の甲子園を本気で狙っている。

	秋		春		夏	
2020	県	ベスト4	中止		県	準優勝
2021	県	ベスト8	県	ベスト8	県	5回戦
2022	県	3回戦	県	＊出場辞退	県	3回戦
2023	県	ベスト8	県	準優勝	県	ベスト8
			関	ベスト8		
2024	県	3回戦	県	準優勝	県	ベスト8

＊新型コロナウイルスの感染により出場辞退

県＝県大会 関＝関東大会

秋春夏を1シーズンと考えて、秋のシーズンは翌年に入れています

PROFILE

高橋伸明(たかはし・のぶあき)

1985年2月19日生まれ、神奈川県茅ケ崎市出身。相洋―専修大。高校時代は主将を務め、三番・サード。3年夏は、準々決勝で桐光学園に0対1で惜敗。大学では、長谷川勇也(元ソフトバンク)、松本哲也(元巨人)と同級生。2007年に相洋のコーチとなり、2012年春に監督就任。これまで、独自大会を含めて夏のベスト8が5度。春は2023年に決勝に進み、23年ぶりに関東大会出場。

2023年春、旋風を巻き起こして夏の第一シード獲得

2023年、夏の主役が慶應義塾だったとすれば、春の主役は間違いなく相洋だった。県大会準々決勝で横浜にタイブレークの激闘のすえに4対3で競り勝つと、準決勝では東海大相模に2対1で勝利。決勝では慶應義塾に0対11で敗れたが、23年ぶりの出場となった春季関東大会では、作新学院をサヨナラで下し、ベスト8入りを果たした。

県大会3回戦以降、勝利した5試合すべてが1点差勝ち。スタンドに掲げる横断幕『劣勢に強く、終盤に強く、粘り強く』のごとく、しぶとく戦い抜いた。

それでも、夏の神奈川は勝ち抜けなかった。準々決勝で横浜に0対5の完敗。横浜側は抽選のときから、「絶対に相洋ゾーンを引いてこい。春のリベンジをするぞ！」と、村田浩明監督は3年生のピッチャー・小坂悦義（上武大）に命運を託し、願い通りのクジを引いた。

相洋にとって、「夏」「準々決勝」「対横浜」「横浜スタジアム」のシチュエーションは、2017年以来2度目だった。神奈川を制するには、絶対に避けては通れない壁だ。高橋監督は、初めてその場に立ったときの緊張感を今も鮮明に覚えている。

「2017年は、シートノックでグラウンドに出たときに、スタンドの観客の視線が痛かったんですよね。矢のように刺さってくる。『何で、相洋がベスト8に来てるの？　お前に何ができんの？』と言われている気がしたんです」

夏の神奈川は、「ベスト8から違う戦いが始まる」とも言われる。甲子園を狙う強豪私学にとっ

ては、準々決勝からの3試合が本当の勝負。観客にとっても、横浜スタジアムのみの開催になるため（年によって多少の違いがある）、目の前の1試合に集中することができる。

「スマホで他球場の試合を気にすることがなくなりますよね。すべての目が、ハマスタに集まる。それはもう、刺さるような視線ですよ。〝品定め〟というか。もちろん、自分自身が勝手にそう感じただけなんですけどね。それって、自信のなさの表れですよね。あの試合の負けは選手の責任ではなく、完全に監督であるぼくの責任です」

1回表に万波中正（日本ハム）に適時三塁打を浴びるなど一挙4点を失い、主導権を握られると、最後まで横浜ペースで進み、7回コールド1対9。そのスコアよりも、同じ土俵で戦えなかったことが何より悔しかった。

6年後――、2023年夏の横浜スタジアム。観客の視線はまったく気にならなくなっていたが、最後までゲームを支配された。

春から夏に向けてチームを変えられる強さ

「いやもう、強いですよ。強かったですよ」

潔く、負けを認める。悔いが残るシーンがひとつある。「あれで勝負が決まった」と、はっきりと口にする。

場面は2点ビハインドで迎えた4回表、一死二塁の守り。迎えるは、長打力を秘めた横浜の萩宗久（明治大）だった。先発の左腕・中島翔人と、キャッチャー渡邊怜斗（駒澤大）が初球に選んだのはスライダー。中島が得意にするカウント球だったが、甘く入ったところを一振りで仕留められ、打球はレフトスタンドに消えた。

「あのホームランがなければ、また違った展開になっていたと思います。あれは、完全にぼくのミス。なぜなら、渡邊には『萩は初球から振ってこないから、（ストライクを）入れにいっていい』と指示を出していたんです。それなのに、初球からフルスイングで、完璧に捉えられた。もうひとつ、横浜はおそらくスライダーを狙っていた。そこに気づくのも、遅れてしまいました」

萩には、第一打席にもファーストストライクのスライダーを打たれ、タイムリーを打たれている。翌日の神奈川新聞に掲載された、「春と（配球が）変わってない」という萩のコメントを見て、配球を読まれていたことを実感した。

「強かった」と認めるには、こんな理由もある。

「春とまったく違うチームだったんです。これが、夏の横浜だなと。わかってはいましたけど、実際に目の前で戦って、その違いを肌で感じました。横浜、東海大相模、慶應義塾と、日本一を目指しているチームはそれができるんだと思います。春と夏でメンバーが違う。春にくすぶっていた3年生が最後の夏に意地を見せることもあれば、下級生から新戦力が出てくることもありますよね」

横浜であれば、春はほとんど試合に出ていなかった3年生の小泉卓哉（国士舘大）が、夏には四番ファーストで抜擢された。横浜の村田監督は、「春は競争。できるだけ多くの選手を使いたい」と口にしている。

「5月6月で〝チームを変える力がある〟ということです。うちの選手層やポテンシャルを考えると、そこまでガラッと変えることは難しいんですよね。高いレベルで競い合っているからこそできること。ただ、そう言っていたら、上では勝負ができないので、目に見える戦力とは別の部分で何かを変えていかなければいけない。それは、その学年の特徴や春の戦いによって、毎年変わってくるものだと受け止めています」

昨年の春以降の取り組みに関しては、「やれることはやれた」と言い切れる前提がある中で、「ひとつだけ悔いがあるとすれば……」と語るのが、2年生右腕・大谷祇人の調整法だ。140キロ近いストレートが武器の大谷は、同じ2年生の中島、大場智仁とともに春の大会でフル回転の活躍を見せた。馬力型のピッチャーということ、さらに周りの指導者から「夏に向けて少し休ませたほうがいい」というアドバイスもあり、関東大会後に休養期間を設けた。ところが、夏が近づいてもコンディションがなかなか上がらず、春のようなピッチングを見せられなかったのだ。

「大谷は球数を投げることによって、成長してきたピッチャーです。『自分はまだまだ力がない』ということも自覚している。それを思えば、いつも通りに投げさせていればまた違う状態になったかなと」

すべては、夏の準々決勝まで行ったからこそ見えた世界と言える。本気の横浜と戦えたことは、これからの相洋にとって、大きな財産になったのは間違いないだろう。

分岐点となった2019年秋準決勝、対東海大相模

高校時代は相洋でキャプテンを務め、ポジションは三番・サード。3年夏は準々決勝で桐光学園

に0対1で敗れたが、今も悔いているプレーがある。6回表一死から打席に入り、ライト方向に平凡なフライを打ち上げた。「アウトだろうなぁ」と気持ちを緩めて走っていたところ、ライトがまさかの落球。はじめから全力で走っていれば二塁に行けた可能性があったが、一塁止まりになった。

自分の苦い経験があるからこそ、今の選手たちには「最後まで何が起こるかわからない」と全力疾走、全力プレーを伝え続けている。

卒業後は専修大でプレーしたのち、母校に戻り、山田嘉之監督のもとで5年間コーチを務めた。2012年4月から監督に就き、1年目の夏は桐光学園に4回戦で4対6の接戦で敗退。2年目の夏に再び桐光学園と当たり、2回戦で2対4で敗れた。相手の先発は3年生になった松井裕樹（パドレス）だった。このとき、松井を打つためにチーム一丸となったことが、「高校野球の原点。松井を打つぞとチームがひとつになって、選手自ら練習に取り組んでいました」と語る。

トーナメントが決まってからの1カ月間、2台のピッチングマシンを隣り合わせに近づけて、1台はストレート、1台はスライダーに設定。できるだけ同じ角度から、ストレートとスライダーを見る練習を繰り返した。ストライクゾーンを上げて、低めのボール球を徹底的に見極め、ベルト付近のストレートを狙う。7安打で2点を奪い、最後は一死満塁まで攻め立てた。

2014年夏には自身初のベスト8入り、2016年秋の4回戦では横浜と延長15回引き分け再試合の熱戦を演じた。そして、前述した2017年夏に続いて、2019年夏にもベスト8に進むが、門馬敬治監督率いる東海大相模に2対5で敗れた。2年生エースの本田眞也（神奈川大）が9回まで粘りのピッチングを見せるも、及ばなかった。

「3点差の接戦のように見えますが、ただがむしゃらに一生懸命戦った結果のスコアです。自分の中でターニングポイントがあるとしたら、桐光学園の松井と当たった2年目の夏と、2019年秋の準決勝、東海大相模戦です。夏に相模に負けたあと、秋にもう一度戦うチャンスをもらえて、相模に対して初めて本気で勝ちにいった試合でした。自分のチームに手ごたえがあり、理論理屈ではなく、勝てると思ったんです」

夏に続き本田が先発マウンドに上がったが、山村崇嘉（西武）や西川僚祐（くふうハヤテ）が中軸に座る重量打線に攻略され、3回までに5失点。8回に大量6点を失うなどして、1対12で敗れた。

「『勝ちにいったけど、負けた』。この事実が非常に大きく、気づくことがたくさんありました。どうすれば、このレベルの相手に勝てるのか。『見えた』とまでは言えないですけど、『感じた』と言うことができます。このあたりから、『打倒・横浜！』『打倒・相模！』とはっきりと言うようになりました。この2つを倒すために戦うぞ、と」

完敗を喫する中でも、分岐点になったプレーがあった。

初回の守りで二死を取ったあと、打席には山村を迎えた。0ボール2ストライクから低めの変化球をうまく捉えられ、二遊間方向に痛烈なゴロ。セカンドの小倉千琳(日大国際関係学部)が二塁ベース寄りで捕るも、ファーストに悪送球し、次打者の西川に二塁打を打たれて先制を許した。

敗戦から数日後、小倉が「あんな速い打球は捕ったことがなかった」と言っていたことが、人を通して、高橋監督の耳に伝わってきた。指揮官には「エラーした言い訳だろ」と感じられたが、それと同時に「だったら、あの打球をアウトにできるように、ガンガンやるぞ！」とスイッチが入った。

「冬は山村の打球を想定して、『今のが捕れねぇのか！』とかなり厳しくやりました。それこそ、選手が倒れるぐらいやりましたから。相模に勝とうと思うのなら、強い打球を当たり前のようにアウトにしなければいけない。イメージするものが、明確になっていました」

2020年夏、東海大相模・山村崇嘉から奪った併殺

２０２０年春――。予期せぬ新型コロナウイルスの蔓延で、春の大会は中止になったが、夏は神奈川独自の代替大会が開催された。いつ濃厚接触者や感染者が出てもおかしくない状況の中、相洋は初戦から「今日が決勝！」の覚悟で戦い、決勝まで登り詰めた。

8月23日、横浜スタジアム。本来であれば、甲子園の決勝が行われる時期だ。神奈川王者を決する相手は、前年秋と同じ東海大相模だった。

「初回、1アウト一塁で、打席には山村。ベンチの選手が、『セカンドに行くぞ！』と叫んでいました。もう、数えきれないぐらい山村を想定した打球を受けていましたから。絶対に来ると。その願いどおりにセカンドゴロが飛んで、小倉がさばいて、4－6－3のダブルプレー。その瞬間ですよね、ちょっと上に見ていた相模と対等の関係になれた。あそこまで試合がもつれたのは、あのダブルプレーがあったからです」

相洋は、先発の左腕・吉川宗吾（東京経済大）が4回2失点と試合を作ると、二番手の石井将吾（神奈川大）が１４０キロ台のストレートとフォークを武器に、7回まで無失点。打線は7回裏に、主砲の加藤陸久（立正大）に特大の2ランが生まれ、5対2とリードして8回へ。ここまで県内公

式戦27連勝、3季連続優勝中だった東海大相模を追い詰めた。甲子園につながらない独自大会とはいえ、決勝で東海大相模を破り、タイトルを取ることができれば、相洋の歴史が変わる。

勝負のポイントは8回の継投にあった。石井が一死から鵜沼魁斗(東海大)に二塁打、大塚瑠晏(東海大)に二塁内野安打を打たれて、一、三塁のピンチ。さらに、山村にフルカウントからフォアボールを与え、満塁に。続く、加藤響(徳島インディゴソックス)を低めの変化球で三振に仕留めたあと、高橋監督は継投を決断し、エース番号を背負った本田をマウンドに送り出した。

本田は西川を追い込んだあと、インコースのストレートをレフト前に運ばれ1点差にされると、神里陸(國學院大)に左中間を破る2点適時打を浴びて、逆転を許した。9回にも3点を失い、5対9で敗れた。結果的には、継投が裏目に出た形になった。

「周りのみなさんは、『エースと心中。エースで負けたら仕方ないよね』と言ってくれるのですが、結果的に負けたわけですから、『監督の継投ミス』と書いてもらって構いません」

継投には根拠があった。石井が山村に与えたフォアボールは、フルカウントからストレートを低めに叩いたものだった。練習試合から何試合も見てきた中で、低めに叩き始めたときは下半身に疲れが見えるサインだった。

「そのあとの加藤を三振にこそ取りましたが、疲労が見えてきた石井を引っ張るよりも、フレッシュな状態のエースで勝負する。『最後はエースで』なんてことは一切なく、勝ちにいった采配です」

三振を取ったあとに代えることに、迷いはなかったのか。

「相模や横浜に勝つには、先に動いて、先手先手で勝負を仕掛けていくしかないと思っています。

そこに悔いはありません」

あのときに、やれることはやり尽くした。

「2019年の秋も2020年の夏も、本気で勝ちにいったうえでの結果です。欲を持って、戦っていました。今までのただ一生懸命にやっただけの試合ではない。自分の中では、目標とするステージがひとつ上がった感覚がありました」

上に登り詰めるために必要な「欲深さ」

このときの中学3年生が、2023年春に横浜、東海大相模を連破した代になる。キャプテンで正捕手の渡邊、ライトの本多立幹（桐蔭横浜大）、センターの土屋晴聖は、中学時代にオセアン横浜ヤングで日本一を果たしている。高橋監督の熱量に惹かれて、相洋入学を決意した。そして、彼らが入学するタイミングで寮ができ、通学に時間がかかる生徒も受け入れられるようになった。

渡邊は、中3時をこう振り返る。

「高橋監督から、『横浜、相模を倒そう』と、もう何度も何度も言われました」

これが、指揮官の口説き文句だ。

なお、日本一世代のオセアン横浜でキャプテンを務めていたのが、のちに横浜に進む緒方漣（國學院大）だった。当然、緒方のプレーにも魅力を感じ、「村田くん（横浜・村田浩明監督）以上に熱く口説いたんですけど、ダメでしたね」と笑う。

「渡邊たちの世代にとって大きかったのは、夏の代替大会で先輩たちが準優勝を果たしたことです。

今まではベスト8やベスト4で終わっていたのが、決勝に行った。当然、『自分たちは先輩を超えたい』と、欲深くなります。今までの相洋と何が違うかと言えば、この〝入り〟が一番の違いだと思っています」

「欲深く」とは、高橋監督がよく使うフレーズだ。

監督自身も、がむしゃらに一生懸命やっていた期間を経て、横浜、東海大相模と本気の勝負を繰り返すことで、「あの2つに勝ちたい」と欲が芽生えるようになった。

「中学生を見ていると面白いもので、一定数は『横浜、相模を倒したい!』という選手がいるんですよ。変わり種ですよね。彼らに共通しているのは、『自分は大したことがない』と思っている。そこが狙い目です。うちに来て、必死に練習をやって、自信を持つことができれば、一気に伸びてきます」

どういうタイプの選手が、相洋に合っているのか。この見方が面白い。

「性格が前向きで明るくて、野球で言えば足が使える選手。結局、野球で一番難しいのはバッティングなので、それ以外の部分が輝いていれば、試合で活躍するチャンスは出てきます。あとは、中学のチームの雰囲気もよく見るようにしていて、すごく厳しい監督もいらっしゃいますよね。その厳しさの中で、監督にばれないように違う練習をやっている選手がいると、『お前、面白いな』と思うんです。それに、厳しい監督に怒られていると、中学生にもなれば心の中では『監督、その考えは違うでしょ』と思うことも出てくるものです。こういう子も面白くて、『お前さ、それは違うだろうって思っていただろう。だったら、うちの高校で、お前の発想で思い切りやってみろよ!』

と言えるわけです」

監督の指示に対して忠実に、「ハイ！」と行儀のいい返事をしている中学生は、「好きなようにやってみろ！」と言っても、自ら動けるようになるまで時間を要してしまう。

２０２３年世代の二遊間は、努力でレギュラーを掴み取った。セカンドの永野悟史（城西大）は相模原市立相原中の軟式野球部出身。入学時は体力がなく、ウォーミングアップにも付いていけなかったが、自主練習でひたすら走り込み、戦える体力を養った。レギュラーを獲ったのは３年春からだ。

ショートの小西逸輝（桜美林大）は、相洋の地元である小田原生まれの小田原育ち。中学時代は静岡の強豪・裾野シニアでプレーしていたが、スタメンではなかった。朝早く、親に車で送ってもらっていた。

「自分が試合に出ていないときも、いつも応援に来てくれて、感謝しかありません。高校では絶対にレギュラーを獲って、親に自分がプレーする姿を見てほしいと思っていました」

当初は守備に自信がなかったが、自主練習で数えきれないほどのノックを受け、技術と根性を身に付けていった。

相洋のグラウンドは、大雄山線の穴部駅から徒歩10分の高台にある。住宅街から少し離れていることもあり、夜になると野球部員の声だけが響く。猿も出るような自然溢れる場所でもある。もう何十年もグラウンドの場所は変わらず、歴代の先輩たちがここで汗を流してきた。高橋監督もそのひとりだ。

「このグラウンドは土こそ入れ替えていますけど、土の下に、あらゆる人間の血や汗が落ちています。そういう風土は、必ず流れているものだと思っていますし、選手にもそう伝えています。昔の相洋は相当厳しくやっていましたからね」

高橋監督のことをよく知る日大藤沢の山本秀明監督が、近年の相洋の強さをこう評していた。

「相洋は練習をしますからね。近年の躍進は、練習量あってこそ。熱量がありますよ」

2022年秋の敗戦後、初めて口にした「甲子園」

渡邊らの学年で、大きな転機になったのが2年秋の準々決勝だ。日大藤沢に0対2で敗戦。守備のミスが失点に絡み、打線は4安打と沈黙した。小田原市のグラウンドにバスで戻ったあと、高橋監督はミーティングを開いた。

「ベスト8に入っても、何も残らないな。上を目指そう。甲子園を目指そう」

2012年に監督に就任して以降、心の底から「甲子園を目指そう」と言ったのはこのときが初めてだった。なぜ、このタイミングで口にしたのか。

「それまでの自分は、ベスト8の土俵に上がることに力を注いでいて、そのステージでひとつ安心していたところがありました。でも、あそこで負けたとき、本当に何も残らなかったんです。これは、自分にとって初めての感情でした。正直、あの秋は狙っていました。渡邊を筆頭に1年生から経験を積んでいる選手がいましたから」

もう、ベスト8で満足するようなチームではない。

では、相洋がどのようにして神奈川を勝ち抜くのか——

横浜や東海大相模のように、Sランクの中学生が毎年入学してくる環境ではない。練習で鍛えて、鍛えて、鍛え上げるのが相洋の強みだ。

「相洋がどうやって勝てばいいか。本気で考えたときに、今までとちょっと考え方が変わってきたんです。たとえばですけど、バッターの原点は遠くに飛ばす、ピッチャーの原点は速い球を投げるという前提があった場合、そこで勝負しようとしたらうちは勝てません。能力を伸ばすことはもちろんやりますが、それ以外のところを伸ばしていかなければいけない。最速130キロであっても、その球をどうやって速く見せることができるかが、野球の面白さであるわけです。間合いをずらしたり、緩急を使ったり、いくらでもやりようはあります」

現チームの左腕・中島はまさにこのタイプと言えるだろう。変化球でタイミングをずらして、ずらして、ストレートでスッと突く。

「攻撃側であれば、ノーサインで二盗、三盗を当たり前のように決めたり、エンドランが出たときに的確な走路を取ったりすることができる。ひとつの例として、走者一塁からのエンドランで外野にゴロが抜けたときに、一塁走者は二塁ベースに真っすぐ走るのではなく、やや膨らみを入れて、三塁を狙う走路を取らなければいけません。こういうところは、練習をしているかどうかで差が出やすい。一、二塁か、あるいは一、三塁になるか、走塁によって変わってくるわけです」

野球はよくできた競技で、無死一塁からアウトひとつと引き換えに塁を進んでも、一死二塁、二死三塁、チェンジとなる。どこかで塁をまたがなければいけない。長打を打つことがもっともわかりやすいが、足を絡めることでもまたぐことはできる。

「長打で得点が取れればいいですし、速いストレートでシンプルに抑えてくれればいいですけど、うちの戦力で横浜、相模に勝つと考えるとそれは難しい。監督としては、〝完璧に勝ちたい〟ですが、〝完璧には勝てないよね〟ということです。となると、どんな展開でもいいので、最後に1点多く勝っていればいい。『甲子園』を口にしたところから、私自身の『腹のくくり方』『割り切り方』が強くなったのは間違いありません。正直、今まではコールドゲームで勝つイメージで練習をやっていたところがあります。特に、トーナメントの序盤は自分たちの野球を貫いて、準々決勝に行ったら、とにかく一生懸命にやる。だから、結果的に接戦になることはあっても、勝つまでには至らなかったのだと思います」

監督が腹をくくれば、選手も覚悟を決められるものだろう。

そして、この土台にあるマインドが「横浜、相模に勝つ！」だ。

「その気持ちを持っていない子に、こうした話をしてもフィットしませんから。そう考えると、本当に階段をひとつずつ上がってきた実感はあります。選手たちが、ひとつずつ歴史を築いてくれています。間違いなく言えることは年々、上を目指すチームの雰囲気になっていて、上を目指す自分になってきていることです」

横浜、東海大相模と同じ背丈で戦う

2023年春、3回戦の湘南から準決勝の東海大相模まで1点差ゲームが続いた。そして、負けなかった。

湘南には1対0の辛勝。力関係を見ると、「冷や汗」をかいた試合とも言える。しかし、高橋監督の捉え方はまったく違った。

5回終了時、1対0。思うように攻撃が回らないこともあり、ベンチの選手から「圧倒するぞ！」という声があがった。が、それを聞いた指揮官はすぐに否定した。

「違うだろう。うちは、そういう野球は目指していないだろう」

「1点差ゲームこそが相洋のペース」ということだ。守備で自滅しなければ、ひっくり返されることはないと読んでいた。

準々決勝では横浜に4対3で勝利。横浜はエースの杉山遙希（西武）ではなく、鈴木楓汰（日本製紙石巻）を先発のマウンドに送った。野手のスタメンを見ても、夏に向けてさまざまなことを試したい意図が見えたが、相洋はフルメンバーで挑み、タイブレークを制した。

先発の右腕・大場が3回2安打無失点で試合を作ると、4回から左腕の中島につなぎ、6回からは速球派の大谷を送り込んだ。２０２０年の独自大会決勝では、結果的に継投が裏目に出たが、「横浜、相模に勝つには先に動く」という信念を貫いた。

「力の差があるからこそ、先に先に攻める。球数が増えていけば、対応されやすくなります。継投は早ければ早いで、『何で早く代えたのか』、遅ければ遅いで、『何で早く代えなかったのか』と言われるものです。そういう声は気にしていません。チームのみんながどれだけ納得できるかを考えています」

次は準決勝、東海大相模。試合前に、高橋監督は選手に語りかけた。

「どうやって戦おうと思っているの？」

「前半、自分たちが守りのミスをしないことです」

「そうじゃないんだよ。横浜スタジアムで、相模がどうやってアップを始めるか知っているか？

相模はセンターラインを越えて、うちの陣地まで入ってくるんだよ。もう、試合前から戦いは始まっている。それを知っていたから、代替大会のときは、『相模のほうまで入っていけ！』と言った。それで、初回にゲッツーが取れて、ああいう展開に持ち込めたと思っている」

門馬監督が率いていたときの東海大相模は、初回の得点率が圧倒的に高かった。相模らしい攻撃で点を取ることもあれば、相模の〝圧〟にやられて、相手が自滅することもあった。こうなると、勝負にならない。

「いいか、大事なことは、相模と同じ〝背丈〟で戦うことなんだよ。それができれば、相手だって同じ高校生だから、勝ち負けになる。だから、アップでは相模のほうまで攻めてみろ！」

原俊介監督に代わった東海大相模は、相手の陣地まで侵入してくることはなかったという。こうした変化も、また面白いところだ。

試合は、先発の中島が9回途中まで緩急自在のピッチングで的を絞らせず、最後は大場が得意のタテスラを武器に、試合を締めた。2対1。1点差ゲームこそが相洋の野球である。

決勝の慶應義塾には完敗だった。同一大会で、横浜、東海大相模、慶應を連破したら、歴史に残る偉業だったが、そうはうまくはいかなかった。

「春の大会であっても、横浜と相模を倒せたことは本当に大きいと、今でも思っています。それは、『青写真』を描けるようになったから。指導者は誰でも、『こういう展開になったら勝てる』という青写真を描いているものですが、相手が強くなるほど、その青写真は鮮明ではなく、曇っている。それは、勝った経験がないから。横浜、相模に勝たせてもらったことで、曇りガラスが晴れました。鮮明に見えるものがなければ、もう1個上のステージには行けないと思っています」

「勝てた」という事実ほど、大きなものはない。

指導者と選手では頑張るべき領域が違う

春の関東大会準々決勝で専大松戸に敗れたあと、主将の渡邊に「夏までの課題は?」と聞くと、「打力が弱いので、打ち込む数を増やして、バッティングを強化していきたい」と語っていた。その後の取材で、高橋監督にこの話を振ると、「そうなんですか?　そんなこと言っていたんですか。選手がそう思っているのならいいんじゃないですか」と何とも意外な言葉が返ってきた。

じつは、高橋監督の取材をする中では、こういう経験が何度かある。はじめは、「?」と思うことがあったが、取材を重ねていくうちに言葉の意味が理解できるようになった。

「指導者には指導者、選手には選手がやるべき領域があると思っています。それが、ごっちゃになっているとチームはうまく回らない。簡単に言えば、監督はここを頑張るから、お前らはそこを頑張れよ、ということです」

高橋監督には、新入生が入ってきたタイミングで必ず伝える話がある。

「1試合で、ピッチャーは何球投げるの？」

「135球ぐらいです」

「そうだな。135球のうち、監督が大事な局面で出すサインって、10球あるかどうかなんだよ。それ以外の125球は、すべてお前ら次第だよ。どれだけ、監督の言うことを聞いて練習をしていたって、そこの125球を支配できなかったら負けるよ。そこは、選手がやるべき領域だと、おれは思っているから」

試合のすべてを監督がコントロールすることなど、野球においてはありえない。仮にそれができたとしても、横浜や東海大相模に勝つことなど到底できないだろう。

「監督の仕事は組み合わせを考えることだと思っています。『あれもこれもできますよ』という選手の中で、『じゃあ、この場面ではこれを仕掛けよう』と選択する。当然、何を仕掛けるか悩むこともあります。でも、悩ませてくれるぐらいの選手でなければ、横浜や相模には勝てない。『これしかできません』となると、作戦の幅が必然的に狭まってしまいます」

わかりやすく言えば、「引き出しの多い選手」ということだ。日々の練習メニューを作成するのは、首脳陣の仕事であるが、自主練習で何をするかは個々の自由だ。

「『相洋の野球は何が武器なのか？』と聞かれることがあるんですけど、ぼくはわからないんですよね。たしかに、走れる選手を重要視していて、走塁の練習はしていますが、それだけでない。『高橋はここでこれをやってくる』とわかってしまったら、上のチームと勝負することができません。それこそ、アグレッシブ・ベースボールも、エンジョイ・ベースボールも、機動破壊も、スモールベースボールもすべてが必要です。ひとりの監督のひとつのスタイルだけを教え込んでしまったら、それがはまらなかったときに何もできないですから」

指導者として、大事にしているモットーがある。

「自ら動ける選手であれ」

だから、ノーサインでの三盗も大歓迎だ。監督が考える以上のプレーをどんどん見せてほしい。

「敗けに負けない」ための「超積極的野球」

高橋監督自身、このように目指すべきチーム像ははっきりと見えている。だが、実行に移せるかとなると、それがまた難しい。

昨秋は、春準優勝の立役者である3投手が残り、優勝候補の一角にも挙げられていたが、3回戦で鎌倉学園に7対8で敗れた。先発の大場が3回途中までに8点を失い、攻撃陣が追い上げを見せるも1点届かなかった。

「秋はもう本当に申し訳ないですけど、監督のせいです。8月の1カ月、『こうやってやるぞ！』と戦い方の指針を示してしまったんです。さきほどの話と、まったく逆のことをやってしまった。本来、選手が思うままにやって、それを組み合わせていくのがぼくの野球なんですけど、秋に関しては、『こういう形で攻撃するぞ』と言ってしまった。そうなると、選手の心も、チームの成長も止まってしまうんですよね」

気になるのは、なぜその方針を取ったか、ということだ。

「勝てる要素があったから」

ポツリと呟いた。投手陣に信頼があったゆえの方針だったが、悔いている。

経験豊富な投手陣が残り、主軸にはパワーが自慢の二宮陽斗が座る。力がないわけではないが、チームに絶対的に足りないものがひとつある。

「自信ですよね。夏までに、自信を付けることができたら、面白いチームになりますよ」

昨秋、鎌倉学園に負けてから、一塁側ベンチのホワイトボードに言葉を加えた。

『敗けに負けない』

かつて、相洋の柔道部の顧問から、「敗けに負けたらいけないんだよ」と教えてもらったことを思い出したという。

「試合に敗れると、どうしても、それまでの取り組みが悪かったのではないかと、自分たちのことを疑ってしまうんです。敗けたことで、負けた原因がどんどん出てきてしまう。特に自信がないチームはそうなりやすい。でも、負けたからといって、すべてが否定されることなんてないわけです。前に進んでいけばいいんです。そうした気持ちもあって、今は『超積極的野球』という言葉を掲げています。門馬さんの『アグレッシブ・ベースボール』を真似したように思われそうですけど、やっぱり、ミスを恐れずに攻めることは本当に大事。この気持ちがなくなると、うちみたいに上に挑んでいくチームは勝負にならなくなってしまいます」

このマインドが、『敗けに負けない』ためにも必要になっていく。

次の新入生は、横浜、東海大相模を連破した相洋を見てきた世代になる。またひとつ、見据える山が近づいたのは間違いない。

「ひとつひとつ、選手のおかげで階段を上ってきていると思います。一段飛ばしもできずに、本当にひとつずつ。こうやって振り返らせてもらうと、就任1年目からずっと物語が続いている感じがあります。いきなり勝つなんてことは、絶対に無理なんですよね」

じつは、2018年の世代は秋春夏の県大会で、1勝に終わっている。一部の学校関係者からは、「お前じゃ、もう無理だな」と最後通告を突きつけられた。

「そこからは、常に辞表を持っているぐらいの覚悟でやっています。それが、その後の結果につながったかどうかはわからないですけど。何とか物語は続いていています」

目指す場所は甲子園。就任13年で、そのステージにたどり着いた。

「昨年の春に横浜と相模に勝つことができて、そうなると人間は欲深いもので、それを上回る興奮じゃないと、納得しなくなるものです。ドーパミン効果ですよね。今度は、夏に勝つ。もう照準はそこしかありません。『楽しい』とはとても言えないですけど、『面白み』はありますよね。神奈川でやらせてもらっている限り、そこが醍醐味ですから」

一歩ずつ、一段ずつ、階段を上ってきた高橋監督。次の3年、次の5年で、どのステージにまで登り詰めることができるか。

「今までこんなことは言わなかったですけど、もうそろそろ、狙うときが来たのかなと思っています。勝負をかけたい。いろんなチームを見ていて思うんですけど、狙いがないチームはやっぱり落ちていくんですよね。逆に、狙いがあるチームはそれが活力になり、組織が活性化されていく。欲深く、上を狙う。その大事さを実感しています。おかげさまで、スタッフも充実してきていて、部長の吉成（徹）、コーチの森岡（勇人）ともに、『自分たちがチームをしっかり作るんだ』という強い意思を持って、やってくれています。イエスマンではなく、監督に対しての提案も多い。ありがたいことです」

欲深く――。行きつくところは、やはりここだ。明確な照準を定め、夏の神奈川を本気で獲りにいく。

CHAPTER 6

横浜隼人

水谷哲也

監督

最後の最後まで、
自分のことを磨き続ける
「綱引き野球」で
2度目の甲子園を掴み取る

2024年10月で、節目の60歳を迎える横浜隼人・水谷哲也監督。1988年に隼人(現・横浜隼人)のコーチとなり、90年秋に監督に就任。2009年夏には悲願の甲子園初出場を成し遂げ、大観衆の前で男泣きを見せた。早いものであのドラマチックな優勝から15年。時代の流れを肌で感じ、変えてはいけないことと、変化すべきことのバランスに悩みながら、2度目の甲子園を目指している。

	秋		春		夏	
2020	県	2回戦	中止		県	4回戦
2021	県	1回戦	県	4回戦	県	3回戦
2022	県	ベスト8	県	4回戦	県	5回戦
2023	県	3回戦	県	ベスト4	県	5回戦
			関	1回戦		
2024	県	4回戦				

県=県大会 関=関東大会
秋春夏を1シーズンと考えて、秋のシーズンは翌年に入れています

PROFILE

水谷哲也(みずたに・てつや)

1964年10月13日生まれ。徳島県出身。徳島市立—国士舘大。現役時代はキャッチャーとして活躍。国士舘高のコーチを務めたあと、1988年から隼人のコーチとなり、1990年秋より監督に就任。2009年夏に神奈川を勝ち抜き、悲願の甲子園初出場を成し遂げる。北海道から沖縄まで広いネットワークを持ち、顔の広さは高校野球界屈指。学校では教頭を務めている。

時代の流れを受け入れ、思考をアップデート

徳島市立から国士舘大に進み、国士舘高のコーチを経て、1988年9月から隼人（現・横浜隼人）に指導の場を移してから36年、喜怒哀楽たっぷりの指導で、高校生の心と技術を育てている。

就任してすぐ、知人の紹介で、横浜を率いていた渡辺元智監督と食事をする機会があり、熱い言葉をもらった。

「神奈川でやっていくのは大変だぞ。並大抵な覚悟ではやっていけないからな」

今も忘れることなく、1年1年を過ごしてきた。

元号で考えると、隼人に移ったのが昭和63年で、平成2年から監督に就き、気づけば令和はもう6年。学校では教頭職を任され、学園全体をマネージメントする立場になっている。元号の変遷とともに、時代の流れにも敏感になった。

「もう、昭和の人間、昔の人間ですから。それは、十分に自覚しています。昔の人間だからこそ、ぶれずに大事にしたいこともあれば、コーチ陣に任せたほうがいいこともある。そこは年々考えるようになりました。ずっと同じやり方で指導していたら、選手は付いてきませんから」

他校の監督からは、「以前みたいに、水谷監督が前に出て、ガンガン引っ張ってほしいんですけどね」という声も聞こえてくるが、立場も時代も選手たちの気質も変わってきている。多くのOBが、「水谷先生は優しくなった」と証言する。

今年10月で60歳。50歳を過ぎた頃から、こまめに白髪染めをしていたが、昨夏から染めるのを一

切やめた。年相応に白髪が目立つ。

「まぁもう、年齢的に〝素〟でいこうかなと。ただ、『60歳』ということはまったく意識していないし、考えていません。数字には縛られたくないですから。体も心も健康で、エネルギーも衰えていません！」

1年1年が勝負。先のことは見ていない。

接戦に次ぐ接戦を勝ち切り、夏の神奈川を制したのは2009年のこと。あの年以来、神奈川から初出場校は出ていない。というよりも、夏の甲子園に出場したのは横浜、東海大相模、桐光学園、慶應義塾の4校だけだ。それだけ、常連校の壁は厚い。

「一度は甲子園に行きたいと夢を見ていて、2009年にそれが実現できました。そこから3〜4年のうちにもう一度、甲子園に出られれば、もうひとつ上のステージに行けたのかなと思いますが、ぼく自身が初出場の流れに乗ろうとして、身を任せてしまった。一度行って満足したわけではないですが、監督がもっと貪欲にもがいて、甲子園を狙うべきだった。もっとやれることがあったんじゃないかと思います」

2010年夏は3年生になったエース今岡一平を擁してベスト4に勝ち進むも、横浜に5対9で敗戦。2012年は初めて秋の関東大会に出場するが、初戦で花咲徳栄に競り負けた。宗佑磨（オリックス）がいた2014年夏には準決勝で向上に敗退。以降は、2014年秋から2017年春までの8季連続を含め、準々決勝で10度続けて敗れた。2023年春の準々決勝で立花学園を下し、14年夏以来となるベスト4入りを果たすまで、ベスト8の壁に苦しんだ。

「ベスト8から抜け出せなくなったところから、ずっともがいていますね。本来であれば、甲子園に出たあとにもっともがけば良かった。もがくべきところでもがかず、流れに乗れていないところでもがいている。高校野球を長くやらせてもらって感じるのは、精神的にも技術的にもまだ発展途上の高校生だからこそ、監督の力量が勝敗に大きく関わってくる。これは持論ですが、高校野球は監督、大学野球はキャプテン、社会人野球はキャッチャー、プロ野球は企業力が、勝敗のカギを握ることが多い。年齢は重ねていますが、まだまだ学ぶべきことがたくさんある。多様性、自主性、生徒の気質の変化、親との関係性……。時代の流れを受け入れながら、自分の考えをアップデートしなければいけない。負けるたびにそう感じています」

2022年夏の敗戦は横浜戦で残る大きな悔い

近年、夏の敗戦は僅差のゲームが多い。

2023年は日大藤沢に4対5、2022年は横浜に2対4、2021年は藤嶺藤沢に11対13、2019年は日大藤沢に3対4。紙一重の戦いが続く。

当然、どの試合も大きな負けではあるが、今も悔いが残るのが2022年5回戦、夏の連覇を狙っていた横浜との一戦だ。2対1とリードして迎えた9回表、三番手の山口喜貴（亜細亜大）が岸本一心（明治大）に同点ソロを浴びて、土壇場で追いつかれた。ただ、これは想定内。2009年の準々決勝で横浜に勝ったときにも、9回に4点差を追いつかれたあと、10回裏にサヨナラ勝利を収めている。

「得点を取ったり、取られたりする中で、粘って粘って、最後に勝っているのが隼人の野球。そういう試合をすることによって、チームは勝ちながら強くなっていく」

大会に入るたびに、水谷監督が話していることだ。

最後に1点勝っていればいい。ましてや、相手は横浜。同点に追いつかれても落ち込むことはなく、直後の9回裏には一死満塁のチャンスを作り出し、当時2年生の杉山遙希（西武）をマウンドから下ろした。横浜の村田浩明監督が、二番手で送り出したのはストレートとスライダーのコンビネーションが武器の鈴木楓汰（日本製紙石巻）。押し出しでも、犠牲フライでも勝負は決する。攻撃側にとっては絶対的に有利な場面だった。

打者は、2年生の菊池唯仁（国士舘大）。投球練習の最中、水谷監督の視界には、次に控えるキャプテンの前島藍（亜細亜大）が、「思い切って振ってこいよ。ダメでもオレが打つから」と声をかけていたのが見えた。余計な声はかけずに、このままの流れに委ねたほうがいい。信頼して、打席に送り出した。

菊池は1ボールから甘めのストレートを強振するも、浅いセンターフライに終わり、前島もライトフライに打ち取られ、サヨナラのチャンスを逃した。その後、10回表に2点を勝ち越され、目前に迫っていた勝利を逃した。

「菊池が打席に入る前にしっかりと声をかけてあげれば良かったと、今でも悔いています。満塁の場面で、代わったばかりのピッチャーが相手と考えると、スライダーはワンバウンドのリスクがあるのでなかなか投げにくい。インコースもデッドボールで押し出しの可能性がある。そうなると、アウトコースのストレート1本しかないわけです。ミートポイントを近くして、対角（逆方向）に打つ。その練習はずっとやっていたので、明確に指示を出してあげれば、ライトに犠牲フライを打てたと思います。甘い球がきた分、強く振りにいってしまった感じがありました」

選手を信じて送り出した結果である。それがうまくいくこともあれば、いかないこともある。だから、あくまでも結果論。でも、指揮官としては、「勝利に対して貪欲に、もっとできることがあったのではないか」と悔やむ。

「どこで声をかけて、どこで任せればいいのか。日々、勉強です。最近の選手から感じるのは、こちらが声をかけて、やるべきことを明確にしてあげたほうが、結果につながりやすい。精神的な負担を軽くして、ミスを恐れずに安心してプレーできる状況を作ってあげたほうがいいのかなと」

2023年夏に敗れた日大藤沢とは、相性がとことん悪い。しかも、敗戦のほとんどがクロスゲーム。山本秀明監督は、水谷監督のもとで4年間コーチをしていた縁もあり、ほかの指導者とは少し違う関係性とも言える。

「身内ですからね。ぼくが、余計なことを考えてしまうんでしょうね。『相性が悪い』と思っていることが、選手にも伝わっているのかもしれません」

続く秋もまた、日大藤沢に2対5で敗れた。水谷監督は「守れずに負けていることが多い」と語るが、山本監督の見立てでは「隼人の打線の弱点を突いて、しっかりと抑えることができている」。お互いの野球をよく知っているだけに、今後も際どい戦いが続いていくだろう。

近年言い続けている「大人になろう」の意味

現状を打破するために、口癖のように選手に問いかけている言葉がある。

大人になろう――。

2019年の新チームが始まった頃から、盛んに口にするようになった。

「自分で考えて、自分で判断して、自分で行動する。誰かから言われて動いているようでは、勝てるチームにはなれない」

水谷監督自身、トップダウンの時代に育ってきた野球人であり、指導者になってからもそのスタイルでチームを強化していた。

「表現が難しいですが、その時代によっては『やらせる優しさ』もあったと思っています。できるまでやり続ける。選手からすると、〝やらざるをえない環境〟だったかもしれません。そこで、しんどいことからでも逃げずに取り組むことで、ひとつのことをやり切る力を磨いていく。うちだけの話ではなく、高校野球を頑張れたことで、高校を卒業できて、社会に出ているOBもたくさんいると思います」

ただ、時代の流れとともに、社会が求める人材も変わり始め、指導者と選手の関わり方にも変化が見えている。主体性、自主性、計画性、やり抜く力、対話、問いかけ、ボトムアップ……。指導者がトップダウンでやらせきるスタイルでは、さまざまな面で難しさが生まれている。

「正直、自分が育ってきた時代の高校野球と今の高校野球はまったく違います。今の子どもたちは、たくさんの情報を入手できる環境に育ち、自然に取捨選択しながら生きてきたと思います。わかりやすく言えば、『監督が言ったことがすべて』という時代は終わって、『恩師はＹｏｕＴｕｂｅです。ＹｏｕＴｕｂｅから学んでいます』という子も出てきている。そのときに、指導者からのトップダウンだけではやはり限界がある。会話を増やし、コミュニケーションを増やし、自ら考えることを増やし、最終的には選手たちが自ら取り組んでいく。それが、令和の時代に求められている高校野球だと思います」

「今の選手から学ぶことはありますか？」と尋ねると、「『監督も変わってください。そのままじゃダメですよ』と突きつけられているような雰囲気を感じます」と冷静なトーンで答えた。

２０２０年２月からは、これまで伝統となっていた丸刈りを撤廃し、「髪型自由」（校則の範囲内）を打ち出した。「丸刈り」と一律にルールが決まっているよりも、「自由」となったほうが、適した髪型をより考えるようになるのではないか。大人になるきっかけのひとつとして、首脳陣で話し合い、決断した。

「寝ぐせのまま、登校してきたら注意をします。高校生らしく清潔に髪を整えて、登校しようと思えば、朝の時間の使い方も考えるようになると思います」

大人から見れば、小さなことかもしれないが、こういうところから時間の使い方を考え、一日を組み立てていく。もちろん、丸刈りを否定しているわけではなく、２０２２年世代のキャプテン前島は、「坊主頭のほうが高校野球らしいから」という考えで、３年間ずっと丸刈りだった。そこに本人の思考があれば、構わない。実家が理容室で、いつもお母さんに刈ってもらっていたという。

２０２０年の2月と言えば、新型コロナウイルスの感染が日本国内でも拡がり始めた頃だ。2月27日には、当時の安倍晋三首相が全国の小中高校に3月2日からの臨時休校を要請。学校生活はもちろん、部活動もストップした。

「必然的に、家での時間の使い方が問われることになりました。野球がうまくなりたい、自分自身を成長させたいと思うのであれば、そのために時間を使う。ご飯をたくさん食べること、スイングすること、体を柔らかくすることなど、できることはいくらでもあります。指導者が誰も見ていない中で、どれだけ自立して頑張ることができるか」

予期せぬコロナ禍によって、「大人になろう」という言葉がより深い意味を持つことになった。自立した生活を送り、自律した心で24時間の予定を組み立てる。水谷監督は、72人の部員に週1回電話をかけて、心の面からサポートした。

２０２１年1月の緊急事態宣言中には、学校の決まりで練習時間が「1日90分」に制限された。選手たちには、「我慢しよう」ではなく、「辛抱しよう」と語りかけた。

「『我慢』は、他人からさせられているイメージで、『辛抱』は自分からしている。そして、『辛抱した先に、奇跡が起きる』と伝えています」

すべての行動を決めるのは、自分の意思。誰かに何かをやらされているうちは、大人には近づいていけない。

慶應義塾・宮原主将との握手から得た学び

２０２３年夏に甲子園を制した慶應義塾とは、前任の上田誠監督（香川オリーブガイナーズ球団代表）の時代から、深い交流を持ち、毎年のように練習試合を重ねている。２０２３年春には準決勝で戦い、2対7の完敗を喫した。「神奈川で高校野球をやるものにとって、同じ県から日本一の学校が出るのは、それは嬉しいことですよ」と、その功績を素直に称える。

日本一を成し遂げたとき、その脳裏に浮かんだのは、２０２１年秋、慶應義塾との練習試合後に交わした握手だったという。この時期、コロナ禍ということもあり、例年以上に県内私学との試合が多く組まれていた。

「練習試合が終わったあと、相手校のキャプテンと副キャプテンが『ありがとうございました』と挨拶に来るので、『こちらこそ、ありがとう。お互いに頑張ろうな』という意味を込めて、いつも握手をしています。もう何年も続けていて、日本一を経験した数々の学校の選手と握手をしてきました。その中でも一番、手のひらが硬くて、ゴツゴツしていたのが2年前の慶應のキャプテンでした。『これはすごい手やなぁ！』と、あまりに驚いたので声をかけたのを覚えています。本当に忘れられない手。いやぁ、写真を撮っておけば良かったな。うちの選手たちに見せたかった。毎日、相当な量を振っていなければ、あの手にはならないはずです」

当時のキャプテンは、宮原慶太郎（慶應義塾大）。慶應義塾にしては珍しく、気合いの丸刈りで話題にもなった選手だ。

「『エンジョイ・ベースボール』の言葉のイメージから、楽しい野球を思い浮かべる人が多いと思いますが、楽しいだけで日本一になれるはずがありません。それは、彼の手を見たらわかります。慶應の選手たちは、1日24時間ある中で、勉強、野球、余暇のバランスを自分で考えながら、取り組んでいるはずです。やらされることも当然あるでしょうけど、それ以上に、自主的な部分も多い。苦しいことがあっても、『自分たちの成長に必要なこと』と前向きに捉えている。それに、『自分たちが日本を引っ張っていくんだ』といった気持ちまで持っているようにも感じます。うちの選手たちはまだ、苦しいことがあると、苦しいものだと受け止めて終わってしまう。『どうせやるなら、前向きに楽しくやろうぜ！』と自分たちでスイッチを切り替えられるか。慶應から学ぶところは、たくさんあります」

どうすれば、主体的に取り組める集団を作れるか。「慶應だからできる」と言ってしまえば、その時点で思考は止まってしまう。

「年齢を重ねるごとに、横浜隼人としての組織作りをより考えるようになりました。今までは、教え子でもあるOBにコーチを任せていましたが、2017年から立花学園で監督経験がある押部（孝哉）先生と松井（理）先生がチームに入り、押部先生にはピッチャー指導や継投を全面的に任せています。教え子ではないからこそ、言いやすいところや変えやすいところもあるはずです。また、専門のスタッフを設けたほうが、選手はコミュニケーションが取りやすく、コーチ自身も改善点を把握しやすい。2人が入ってから、指導者と選手の会話は増えていると思います」

2020年からは、横浜隼人でキャプテンを務めたOBの中三川航太郎先生がコーチに就き、兄貴分的な役割を担う。高校3年時は、横浜隼人史上最多の167名もの部員がいた大所帯のチームをまとめ上げていた。中学生のリクルートもOBの長野良輔氏（事務職）が2021年から専門的に任されている。それまでは、前部長で、現在は神奈川高野連の専務理事を務める榊原秀樹先生が担っていた。

このように、横浜隼人の組織は役割がはっきりしていて、水谷監督がスカウティングに出向くことはほぼない。

「それぞれの役割を果たして、ONE TEAMで動いていく。それが隼人の強み。榊原先生は県の専務理事として、高野連のために働いています。おかげさまで、うちは三学年揃ったときには140名近い部員数になります。それだけの部員がいるにもかかわらず、監督がまだ入学するかわからない中学生のリクルートに出かけていたら、グラウンドに残された選手たちはどう感じるか。もし、自分が高校生だったら、『中学生ばかり見てないで、おれたちのことを見てくれよ』と思います」

かつては、中学野球の大会や練習に榊原先生が足を運ぶと、「何で監督が来ないんだ?」と思われたこともあったそうだが、その空気を変えたのが横浜の元部長・小倉清一郎氏だった。

「小倉さんが、うちの榊原先生や、塩脇先生（塩脇政治部長／桐光学園）、松江先生（松江光彦先生／横浜商大）と中学生の試合を見ていく中で、認めてもらえた歴史があるんです。それこそ、この3人はいつも小倉さんと一緒にいたので、〝コグラ三兄弟〟と呼ばれていたこともあります（笑）」

榊原先生からバトンを受けた長野氏は、「隼人の伝統を引き継がなければいけない」と中学野球の現場に足しげく通い続け、その結果、担当1年目は60人もの1年生（現3年生）が入学した。

監督は「昭和のガンコ親父」の立ち位置

コーチ陣の顔ぶれが変わったことで、「指導者と選手の会話が増えている」と語った水谷監督。

では、監督自身の距離感はどうなのか。「水谷先生も生徒との距離を縮めているんですか？」と尋ねると、「それはないかなぁ」と笑いながら首を横に振った。

「監督は、昭和生まれのガンコ親父。それでいいと思っています。令和になっても、ガンコ親父は必要。それができるのは、ぼくしかいませんから。大事なことは、妥協せずに口うるさく言い続けること。選手からすると、『口うるさいな、しつこいな』と感じていると思いますが、それで構わない。怖い存在であってもいい。昭和の家庭で考えると、子どもが何か悩んだり、問題があったりしたときに、最後の最後に出ていくのは親父、ということが多いですよね。親父や監督は、組織を守る最後の砦。責任を取ることが仕事だと思っています」

就任してから変わらずに言い続けていることが、小学生でもメジャーリーガーでも実践できる『誰でもできる三箇条』だ。元気、全力疾走、バックアップ（カバーリング）。この3つが崩れてきたら、もう横浜隼人ではない。それぐらい、大切にしていることだ。

さらに生活面では、整理整頓、挨拶、言葉遣い、時間厳守。人として生きていくために必要なことを、とことん教え込む。

「右足が人間的な成長で、左足が野球の成長。右足、左足が一歩ずつ進んでいくことが、勝利につながっていく。両輪が揃ってこその横浜隼人です。これだけの部員がいるので、勝つことだけを先に求めると、足並みが揃わなくなってしまいます。ぼくは野球の神様を本気で信じていて、人間的に成長して、努力を重ねている選手やチームには奇跡が舞い降りると思っています。日頃、指導者が見ていないからといって、手を抜いているような選手に神様がほほ笑むとは思えません」

監督になった頃から一貫して言い続けているのは、「最後の最後まで、自分のことを磨き続けなさい。最高に上手くなって、卒業していこう」。たとえ、レギュラーになれなかったとしても、昨日の自分を常に超えて、自己最高を目指していく。大学に送り出すときは、「チームの中で一番練習する選手になってください」とメッセージを送る。

「一番早くグラウンドに出て、一番遅くに帰る選手になってほしい。試合に出ること以上に、『横浜隼人のＯＢが一番練習します』と周りから言われると嬉しいですね。宗教的な話ではまったくないですが、『来世でメジャーリーガーになろう！』という話もしています。1度目の人生ではまだ力が足りなかったとしても、2度目、3度目と繰り返すことで、メジャーリーガーに近づいていけるはずです」

いきなり、大谷翔平（ドジャース）にはなれないとしても、自分の可能性を信じて、コツコツと頑張り続けることが大事。2023年の代で活躍したファーストの高橋駿介（関東学院大）は、湘南ボーイズ時代はレギュラーではなかったが、自らの努力でスタメンの座を勝ち取った。このような選手が毎年出てくるのも、横浜隼人の特徴と言える。

プロで活躍するOBから学ぶ「ぶれない心」

野球部の歴史がひとつずつ積み重なっていく中で、プロで存在感を示す卒業生も増えてきた。

昨秋の日本シリーズは、オリックス対阪神の１９６４年以来59年ぶり２度目の関西ダービーとなったが、その年に生まれたのが水谷監督だった。小学生のときのクラスメイトであり、チームメイトでもあった友達が、大の阪神ファンだった影響で、高知の安芸キャンプまで見に行くようになり、そこからタテジマ一筋。横浜隼人のユニホームが阪神そっくりなのはそのためだ。

「友達の名前は坂東政司。今は立派な医師となり、自治医科大学の呼吸器内科で教授として働いています。彼と出会わなければ、タイガースファンになっていなかったかもしれません。感謝しています！」

今回の日本シリーズも阪神を応援していたが、オリックスには3年連続でゴールデングラブ・ベストナインをダブル受賞したＯＢの宗がいる。

どんな気持ちで、日本シリーズを見ていたのか。阪神が第7戦までもつれ込む熱戦を制した直後、「おめでとうございます。こんなに幸せで複雑な気持ちの日本シリーズもなかったと思います」とＬＩＮＥを送ると、すぐに返事が届いた。

「私は、59年前この世に生を受けました。そして今年、59年ぶりの関西ダービー。オリックス・バファローズに宗佑磨。阪神タイガースの一軍ブルペン捕手に、横浜隼人初のプロ野球選手である小宮山慎二。感無量です！」

さらに言えば、オリックスには打撃投手（当時）として左澤優が在籍し、2023年にウエスタンで最多勝を獲得した佐藤一磨もいる。

宗は、鎌倉市立玉縄中の軟式野球部出身。高校1年生のときは、「まだ体力がない」という理由から、スタメンで出場するも試合前半で交代することが多かった。身体能力は高いが、体はひょろひょろ。授業や練習の合間におにぎりを食べ続け、3年間で15キロ近く体重を増やした。

なぜ、プロでタイトルを獲得できるレベルにまで成長できたのか。

「宗から感じるのは、ぶれない強さです。プロに行くと、指導者やOBにアドバイスをもらうことが増えますが、聴く耳を持ちながらも、自分に合うものを取捨選択していたように感じます。プロ入り当初は、長打を狙うような打ち方をしていましたが、いろいろな選手の影響を受け、目線のブレを少なくして、コンパクトに振り抜くスタイルを追求してから、一軍のボールにも対応できるようになってきました。新しい取り組みを始めたときに、フリーバッティングを見る機会がありましたが、隣で打っている選手と比べると、打球が全然飛ばない。正直、心配になりましたよ。でも、宗は打ち方を変えずに、ぶれずに貫いた。それが、のちの活躍につながっていると思います」

高校3年時の取材で、「プロでどんな選手になりたいか？」という問いに対して、「自分でやると決めたことを最後までやり通す選手」と答えていたことが非常に印象深い。その後、『ベースボール神奈川Vol.20』（侍アスリート／2022年12月発売）で取材をした際には、「結局、やるのは自分。特に、プロはそういう世界で、結果が出なければ、クビになるだけです。だから、『自分が後悔しないような選択をしよう』と心がけています」と話してくれた。

昨年の12月24日には、宗や佐藤一磨、青山美夏人（西武）ら14人のOBが参加し、横浜隼人のグラウンドで小学生向けの野球教室が開催された。コロナ禍での中止等もあったが、今回が14回目。水谷監督によると、小宮山が阪神に入団した翌2004年から始まったという。

「少年野球教室に参加した子どもたちが、のちに横浜隼人のユニホームを着てくれたこともありました。ひとりひとりのOBが、『横浜隼人で高校野球をやることができて良かった』と思ってくれることが、うちの伝統を作ることにつながっていく。自分自身は、OBがグラウンドに帰ってきたい、スタンドに応援に行きたいと思えるような指導をしていかなければいけない。ひとりひとりの想いが物語としてつながっていくことが、結果的に、甲子園につながっていくと考えています」

部員全員が力を出し切る「綱引き野球」

毎年のように140人前後の部員数を誇る、大所帯の横浜隼人。

夏のベンチ入りメンバーは20人と決まっているため、100人以上の部員が公式戦に出場できないことになる。多くはスタンドからの応援に回り、チームを代表する20人に大声援を送る。

2023年春には、コロナ禍で制限されていた声出し応援が解禁された。水谷監督が大好きな阪神のチャンステーマは、相手チームに大きなプレッシャーをかける。

「対戦校の監督に、『隼人の応援は体に刺さります！』と言われたことがあって、そのぐらいの本気度で応援してくれている。その想いを感じながら戦えるのはとても幸せなことです」

メンバー、メンバー外と、どうしても立場の違いが生まれてしまうが、「役割が違うだけ。ひとりひとりが、自分の持ち場で頑張ることが勝利につながる」と、選手に語りかける。

「うちが目指すのは、『綱引き野球』です。ひとりひとりが綱を全力で引っ張って、横浜や東海大相模を倒しにいく。部員が140人いて、140人目の選手が手を抜いていたら、綱引きで引きずり倒されるかもしれません。よく話しているのは、『うちの野球部は、中小企業の社員数と同じぐらいの規模。その中で、自分がどんな仕事をすれば会社が儲かるのかを考えられない人間は、どの組織に行っても活躍できないよ』。つまりは、チームの勝利のために自分は何ができるか。そうやって考えていくことが、社会に出たときに必ず役に立っていくはずです」

横浜隼人の校訓は、『必要で信頼される人となる』。創立者である大谷卓郎氏の言葉だ。

「一般的には『信頼される』が先にきそうですが、うちの場合は『必要で』が先にある。人間は、誰かに必要とされることが一番嬉しいですし、必要とされなくなったら寂しいですよね」

今年の2月4日には、『Baseball5日本選手権』が開催されて、横浜隼人Aがユースの部で見事に初代王者に輝いた。監督は、野球部コーチの中三川先生が務めている。男女混合の5人制の競技で、硬式野球部と女子硬式野球部が協力する形でAとBの2チームが出場し、ともに予選を勝ち抜き、日本選手権の舞台を踏んだ。

Baseball5の練習は主に朝に行うが、大会が近くなると、放課後にも練習を重ねていた。自らの意思で出場した選手もいれば、指導陣から「足が速くて、素早く動けるので向いている！」と推薦を受けた選手もいる。本当は野球の練習をしたい気持ちもあったかもしれないが……、必要とされる喜びを感じ、横浜隼人の名を背負って、学校の代表として戦い抜いた。

聞いて驚いたが、高校の硬式野球部、軟式野球部、ソフトボール部、女子硬式野球部、そして中学の軟式野球部の部員をすべて合わせると、300人を超えるという。女子硬式野球部は2022年夏、第26回全国高校女子硬式野球選手権大会で初の日本一を達成。決勝の舞台・阪神甲子園球場で見事なサヨナラ勝ちを収め、横浜隼人の名を全国に轟かせた。國學院久我山の硬式野球部でプレーし、日本体育大在学時には硬式の女子日本代表にも選ばれた、田村知佳監督が率いている。

中学野球部は、水谷監督とともに高校野球部で指導していたOBの佐野辰徳先生が2017年から監督に就き、めきめきと力を付けてきている。2年連続で、横浜スタジアムで行われた全日本少年軟式野球大会に出場。2022年には引退したばかりの高校3年生が応援に駆けつけ、中学生の背中を後押しした。学園全体で、日本一に向かっている。

今年4月からは、愛知県立千種高校から東京大に進み、東京六大学ではキャッチャーで活躍した朝木秀樹氏が校長に就いた。東京大在学の4年間で、じつに24勝を経験し、文武両道を高いレベルで実践してきた人物である。筑波大附属駒場高校で監督を務めた経験もある。

「『横浜隼人と野球界を変革し、野球界に恩替えしをしていきたい』という強い気持ちを持った方です。部活動は、『5年で日本一』というグラウンドデザインを掲げ、今まで以上に文と武の両方を高めて、日本一を目指していきます」

指導者、現役生、OB、そして学園全体の力をひとつにして、綱をしっかりと引っ張り込み、2度目の甲子園を掴みにいく。

CHAPTER
7

横浜創学館

森田誠一
監督

時代の流れに合わせて、
指導法をアップデート
母校・横浜を倒して
初の甲子園へ

夏の神奈川大会において、2008年(南神奈川)、2021年と2度の準優勝を誇る横浜創学館・森田誠一監督。いずれも決勝は母校の横浜に敗れ、涙をのんだ。横浜には一度も勝った経験がなく、現在17連敗中。ここ3年、夏の大会では横浜、東海大相模、慶應義塾に敗れ、常連校を倒さない限りは、悲願の甲子園は見えてこない。今年60歳。最後まで甲子園を目指し、戦い続ける。

	秋		春		夏	
2020	県	3回戦	中止		県	5回戦
2021	県	2回戦	県	ベスト8	県	準優勝
2022	県	4回戦	県	4回戦	県	ベスト4
2023	県	ベスト4	県	ベスト8	県	ベスト8
2024	県	ベスト8				

県=県大会

秋春夏を1シーズンと考えて、秋のシーズンは翌年に入れています

PROFILE

森田誠一(もりた・せいいち)

1964年8月17日生まれ、横浜市出身。横浜—日本体育大。高校2年時に、渡辺元智監督のもと甲子園に出場。大学卒業後、山手学院の監督を2年半務めたあと、1990年に横浜商工に移り、1991年から現職。1994年夏に初のベスト4入りを果たし、2003年秋に県初制覇。これまで、2008年、2021年と夏の準優勝が二度。秋山翔吾(広島)ら9人の教え子がNPBに進んでいる。

グラウンド改修工事中に成し遂げた2度目の準優勝

毎年、夏の神奈川大会開幕に合わせて、県高野連が編集に携わる大会誌が発行される。個人的に楽しみにしているのが、春のベスト8校の監督を中心にした座談会である。2023年夏の大会誌では、「試合当日の朝にバッティング練習をやるかどうか」が議題に挙がっていた。

座談会に出席していた榊原秀樹専務理事（横浜隼人）が、現地集合・現地解散の慶應義塾を例に挙げて、朝に打ち込みをしなくても、試合で結果を出せることに興味を示したのがきっかけだ。慶應義塾は、2022年秋に埼玉県さいたま市で開催された関東大会でもいつも通りの現地集合・現地解散でベスト4にまで勝ち上がった。

各監督、それぞれの意見があり、非常に面白い。主な言葉を紹介したい。

■横浜創学館・森田誠一監督

試合前はバッティング練習をしたほうがいいと思っていました。しかし、グラウンド改修工事のときに、物理的にできなくなりました。それで、「もういいよ、やらない」となったときに、決勝にいきまして。今年（2023年）の春は現地集合でした。

■相洋・高橋伸明監督

やりたければやるというシステムです。選手に任せていますが、基本はやらないほうがいい。でも、どうしても不安に思う子だけは許可を出すという形です。基本はやりません。

■横浜・村田浩明監督

ガンガンやります。

■横浜隼人・水谷哲也監督

うちも以前は行っていました。道具を使うスポーツなので、やはり、数を多くやったほうがいいと考えています。うちは、女子の卓球部も強豪ですが、毎日毎日ボールを打ち続けており、その姿を見ています。道具を介する、バットを持ってボールを打つという作業はたくさん行ったほうがいいと思うのでやっていましたが、選手の安心度だと思います。選手が「大丈夫」だと思えば、大丈夫でしょうし、さきほど高橋監督が言ったように、不安だと思えば打ってもいいという形に今は変えています。

■慶應義塾・森林貴彦監督

うちは通いの生徒がほとんどなので、第一試合で10時開始となると、8時には球場に入りたい。じゃあ、うちのグラウンドで練習して、6時、6時半に打ち始めるかというと、家から始発でも間に合わないとなるので、逆算すると、結局そっちのほうが疲れるといいますか。だったら、前日までにやることをやって、翌日はできるだけちゃんと寝て、家から行くという形にしています。でも、合宿所があって、目の前にグラウンドがあったら、やっぱりやるほうが自然だとも思います。

■東海大相模・原俊介監督

水谷監督がお話したように感覚の問題なので、練習でしつこく打っている選手は試合でなかなか難しい傾向はあると思います。いいイメージができ上がって、「終わりだ」とか、「今からいくぞ」

というメンタリティーになったほうが、高校生を見ているといいのかなと思います。

一番気になったのは、森田監督のコメントである。

「朝の打ち込みをやめたら、決勝までいった」

もちろん、そんな単純な話ではないだろうが、まったく関係ないとも言い切れないだろう。

創部2度目の決勝に進んだのは2021年の夏。エースの山岸翠(関東学院大)が力投を見せると、岡本翼（青森大）、長井俊輔（青森大）を中心にした打線が序盤から好調をキープして、準々決勝の日大藤沢戦では14安打13得点の猛攻で6回コールド勝ち。さらに準決勝では、ノーシードから勝ち上がってきた慶應義塾を5対2で撃破。東京五輪の関係もあり、保土ヶ谷球場で開催された決勝では横浜に3対17で敗れたが、創学館旋風を巻き起こした。

2021年春から2023年秋までの9大会でベスト8が4度、ベスト4が2度、準優勝が1度と、優勝争いに絡む機会が増えている。過去を振り返ると、2014年夏から2016年夏まで7大会連続で、準々決勝に勝ち残れない時期もあった。日大藤沢・山本秀明監督をはじめ、「創学館、復活してきていますよね。何があったんですかね」と気にするライバル校の指導者も多い。

指導法を考えるきっかけとなった新型コロナとグラウンド改修

今年で60歳を迎える森田監督。横浜隼人・水谷監督と同じ昭和39年生まれで、野球関係者で作る「39会」の古くからのメンバーである。

出身は、横浜創学館の地元・横浜市金沢区。金沢中から横浜に進み、渡辺元智監督のもと、2年夏（1981年）に背番号13で甲子園の土を踏んでいる。日体大卒業後、山手学院の監督を経て、1991年から横浜創学館の前身である横浜商工の監督に就いた。

「ルーキーズ」と書くとOBに怒られそうだが、血気盛んなヤンチャ軍団を、エネルギー溢れる森田監督が厳しく鍛え上げ、1994年夏には初のベスト4進出。準決勝の横浜戦で、エースで四番の片山英和が満塁からライトポール際に大ファウルを打ったときには、「打った瞬間に、（新幹線の）新横浜駅が見えた」と印象深いコメントを残している。

2003年に、横浜創学館に校名を変更。小田和正氏に作詞・作曲を依頼した愛唱歌『遥かな想い』も完成し、新たなスタートを切ると、同年秋の県大会で初優勝を飾り、関東大会出場。2008年の南神奈川大会では創部初の決勝に進み、2011年にもベスト4まで勝ち上がった。

中学時代に特別に目立っていない選手であっても、「鍛えれば伸びるタイプ」を積極的にスカウトし、秋山翔吾（広島）、福田俊（日本ハム）ら9人の教え子がNPBに進んでいる。

森田監督にとって、グラウンドに毎日行くのが当たり前。生活の中心に野球があり、どういう教えをすれば、目の前の選手が伸びるかを常に考えていた。頭の中にあるのは、夏の神奈川を制すること。

しかし――、そんな生活が大きく変わったのが2020年春。新型コロナウイルスによってその当たり前が奪われた。

「学校が休校になったときは、ほとんど家にいる生活で、仮に監督を辞めることになれば、こういう生活になるんだろうなぁとは思いましたね。刺激がないというか……、どうなっていくんだろうと。でも、それを受け入れなければいけない。考えることばかりが増えていきました」

5月20日に夏の選手権大会の中止が発表されたあとには、3年生ひとりひとりに電話を入れ、「気持ちだけは落とさないように」と声をかけ続けた。

8月の独自大会は、「3年生だけで戦いたい」という、キャプテンの石田峻平（星槎道都大）を中心にした最上級生の想いを尊重し、5回戦まで勝ち上がった。

「正直、投手陣に不安があったんですけど、ひとりひとりが本当によく頑張ってくれて。気持ちをひとつにして、一体となって戦うことがいかに大事か、改めて実感しました」

初戦で市川虎楠が7回無失点の「神がかり的なピッチング」（森田監督）で、7対0の7回コールドで光明相模原を下し、勢いに乗った。

この3年生の姿を見ていたのが、翌年夏に準優勝を果たす学年である。秋は守備が崩れ、鎌倉学園に7対8で競り負けたが、その後に守備陣をコンバートし、ショートに守備が売りの森陽生（桐蔭横浜大）を抜擢するなど、夏を見据えたチャレンジがうまくはまり、チームがいい方向に進んでいった。

ただし、例年に比べると練習量は圧倒的に少なかった。

新型コロナウイルスの影響に加えて、２０２１年4月から専用グラウンドの改修工事が入り、物理的に練習ができなくなったからだ。俣野公園薬大スタジアム、令和佐原球場のほか、関東学院大や鶴見大などを借りての練習となったが、緊急事態宣言等の影響で計画的に進めることは不可能だった。だからこそ、「制限がある中でも、できることを徹底してやろう」と考え方を変えた。

「限られた時間の中だからこそ、生徒の集中力は高いものがありました。例年との一番の違いは、夏の試合前日でもガンガン打ち込みをしていたこと。それまで、大会に入ったあとは、疲れを残さないために軽めにしていたのですが、この年はそんなことも言っていられないので、できるときに打ち込む。それが良かったのか、全体的にバットが振れていたんですよね」

この夏以降、大会中であっても練習の強度を極端に下げることはなくなった。

「コロナによって、社会のさまざまなことが変わりましたが、ぼく自身も多くのことを考えるようになりました。改修工事も重なり、今までと同じ練習ができなくなったことで、変わらざるをえなくなった。もし、それがなければ、今まで通りだったかもしれません。変えたことが準優勝に直接結びついたかはわかりませんが、『こういうやり方もあるんだな』と新しいことに気づけたのはたしかです」

時代の流れに合わせて指導法をアップデート

2014年5月発売の『高校野球神奈川を戦う監督たち2「神奈川の覇権を奪え！」』で、森田監督のことを書いたときには、最後にこんなコメントで締めている。

「50歳ね……(2014年8月で50歳)、年齢を重ねるにつれて、丸くなっていっちゃう自分が怖いかな。若いときはもっと刺々しさや鋭さがあったと思うんです。それがなくなるのが怖い」

あれから、ちょうど10年。自身の変化をどのように捉えているか。

「だいぶ、優しくなったのはたしかですね。ただ、〝丸くなった〟ということよりも、野球がどんどん進化していて、子どもたちの気質も変わってきているので、指導の仕方を変えなければダメなんだろうなとは感じています」

――「進化」という表現でいいですか？

「いいと思います。いろいろなことが科学的に分析されてきて、ぼくらが教わってきた野球とは教え方も考え方も変わってきている。一昔前は、『これをやっておけ！』で通じたことが、今はある程度、理論理屈を説明しなければ、選手は納得して取り組まない。やみくもに1000回バットを振ることも大事ではあるけど、バットを振る意味をしっかりと伝えることで、取り組みの中身が変わってくることを実感しています」

横浜隼人の水谷監督も、「正直、自分が育ってきた時代の高校野球と今の高校野球はまったく違う」と語っていたが、ベテラン指導者だからこそ強く感じることがあるのだろう。

「この年齢になって、また野球を勉強していかなきゃいけないなと思います。昭和は昭和で良いところがあったと思いますが、科学的な視点やデータを知ることで、『なるほどな』と感じることもたくさんあります。たとえば、速い球を投げるにはどこの筋肉を鍛えればいいか。それも、ある程度はもうわかっていることも多い。かつては、走り込み、投げ込みを重視していましたが、走ることによって体重が落ち、やせ細っていくこともある。走ったからと言って、投げる体力が付くわけでもない。準優勝したときの山岸は走るのが苦手でしたけど、投げる体力は人一倍ありました。投げ込みも、今はブルペンではほとんど投げずに、実戦で投げる機会をメインにしています」

では、「昭和の良いところ」とは？

「数や量をやることで、身に付いた技術は間違いなくあると思います。練習時間も長かったので。あとは、〝負けず魂〟というか、気持ちと根性を植え付けることができたこと。スポーツで戦う以上は、気持ちと根性がなければ勝てないと思っていますから。その考えは、今も変わっていません。ただ、根性の植え付け方も、昔と今では変えていかないといけないとは思います」

たとえば、シートノックでミスが出た場合、かつてはチーム全体に罰走を命じることもあった。ペナルティを与えることで、ミスの重大さに気づかせ、二度と同じプレーが出ないようにする。ただし、そもそもの技術力がなければ、どれだけ意識をしたとしてもミスは出るのがスポーツだ。

「理不尽なことをあえてやらせることで、根性を植え付けようとしていたんですけど、実際のところはあまり意味がないんですよね。それよりも、ミスが出たプレーを徹底して繰り返し練習したほうが、技術も心も上がっていくのかなと」

「おれにはおれのやり方がある」ではなく、野球界の進化に追いつけるように、自身の考えをアップデートしている。

昨今、議論される機会が増えてきた丸刈りについても、「そろそろやめてもいいんじゃないかと考えている」と明かす。ただ、「髪型自由！」と打ち出すまでには至っていない。

「髪型を変えることで、〝がむしゃらさ〟とか〝泥臭さ〟とか、うちの野球のスタイルまで変わってしまうような気がしていて、きっと関係ないとは思うんですけど。そういう意味で、ミズ（水谷監督）が思い切って変えたのはすごい。むしろ、最後まで丸坊主を大事にすると思っていました」

同世代の水谷監督が下した決断に、大きな刺激を受けている。

試合で結果を出すためのバッティングを追求する

「横浜創学館＝強打」

このイメージが強い読者もきっと多いだろう。2007年夏の準々決勝では、桐光学園に3回まで0対11とリードされる展開から打線が奮起し、最終的には10対11にまで迫った。1．2キロや1．5キロの重たいバットでタイヤを打ち込み、リストを強化することが伝統になっている。

「基本的には、『打てなければ勝てない』と思っています。特に、ピッチャーが疲れてくる夏は得点を取らなければ勝負にならない。ただ、これから先はまだ読めないんですよね。バットが低反発に変わることで、『打てなくても、投手を中心に守れれば勝負になる』となるかもしれない。今のところは、打撃練習を減らすようなことは一切していませんが、どういうチームを作ればいいのか手探り状態です」

昨秋は、準々決勝で鎌倉学園に1対5で敗戦。チャンスは作りながらもあと一本が出なかった。敗戦後すぐに新基準バットに変えて、打ち込んでいる。

「練習試合を見ていると、バットの反発力が低いためか、長打がかなり減った感じがします。打球速度も遅いので、なかなか外野の間を抜けていかない。そうなると、当たれば飛ぶタイプよりも、足があって守れる選手を使ったほうが、計算が立つかもしれない。そこは戦っていきながらの見極めですね」

バッティング指導で大事にしているのが、日々のトレーニングとともに試合の中での考え方だ。伝統的に、ファーストストライクから迷いのないフルスイングが持ち味であるが、それだけでは試合で結果を出すことはできない。

「もともとの素材だけを考えると、横浜や東海大相模の選手よりは劣ります。それでも、試合の中で打てるようになるためのバッティングはある程度は作っていける。選手に一番言っているのは、『三振が多いチームは、トーナメントでは絶対に勝ち上がっていけない』。空振りでも、見逃しでも三振は三振で、前にボールが飛ばなければ何も起こらないわけです。だから、ツーストライクになっても、自分の好きなようにスイングしているバッターがいると、『本当にいいピッチャーと対戦したときに、それで打てるのか？』と問いかけています」

「自分のスイングを貫いた」と言えば、聞こえがいいかもしれないが、トーナメントで勝つためのバッティングではない。ノーステップでもすり足でも、バットを短く持っても、追い込まれてからの対応は選手それぞれで構わない。一律に、ガチッとはめることはしていない。

「これはずっと言い続けていることですが、フリーバッティングを『フリー＝自由に好きなように打っていい』と勘違いしている選手が多い。そうではなくて、自分なりにいろいろな状況を設定して、逆方向を狙ったり、引っ張ってみたり、自由な想定の中で打つのがフリーバッティング。まずは、この考え方を徹底できるように、何回でも言い続けます。やっぱり、高校生はすぐに忘れてしまうので」

昨秋の時点では、「試合の中でのバッティングがまだできていない。それができていれば、鎌学に勝っていましたよ」と辛口の評価だ。上位に門脇輝人、山越佑哉、今尾憧冴と下級生が並ぶだけに、伸び代は十分にある。

信頼できるピッチャーを二枚作る

「打てなければ勝てない」と言っても、それは失点が計算できるエースがいてこその話。2021年の準優勝世代は山岸、2022年は右の実戦派・遠藤稔平（日本体育大）、2023年は将来性豊かな2年生・鈴木圭晋と、完投能力を持つ大黒柱がいた。

エースの力が大きい分、さらに勝ち上がるためには2枚目のピッチャーの存在がカギを握る。2021年は5回戦から準決勝まで、山岸が3試合連続完投。中1日ずつ空いたとはいえ、負担が大きく、決勝の横浜戦は序盤で力尽きた。

「トーナメントの場合、エース以外のピッチャーを起用して、先制点を失ってそのまま負けてしまうこともあるわけで……、実際にエースを先発起用せずに、負けたこともありました。完全に監督の采配のせいで、選手に申し訳なかったです」

また、「得点差が開けば、エースをベンチに下げて……」と、周りは勝手なことを思うが、何が起こるかわからない一発勝負の高校野球では、簡単なことではない。

「信頼できるピッチャーが2人以上いなければ、夏は勝ち抜けないのは十分にわかっています。海老塚、福田のような二枚看板をどれだけ育てられるか」

右の本格派・海老塚耕作と、キレで勝負する左腕・福田が躍動したのが2013年、2014年のこと。2年時から二枚看板を形成し、2年夏の5回戦では春優勝の桐蔭学園と延長15回引き分け再試合の熱戦を演じた。再試合は3対4で競り負けたが、福田から海老塚のリレーで第一シードを苦しめた。最上級生になってからは、秋春ともにベスト8に勝ち進み、夏は5回戦で県相模原に敗戦。甲子園には手が届かなかったが、「あのクラスの投手が二枚いれば、勝負ができる」という想いが強い。

2022年は、5回戦の横浜商戦で背番号7の佐藤陽大（関東学院大）を先発に抜擢し、4回1失点でエースの遠藤につないだ。さらに2023年でも5回戦の向上戦で、背番号10の塚原釉哉（函館大）を起用。5回1失点でゲームを作ったあと、6回から鈴木を投入した。

「山岸のときに、山岸頼りになってしまったこともあって、何とか二枚作ろうという気持ちはより強くなっています」

その戦いは、中学生へのリクルートから始まっている。

「横浜、相模に行くようなピッチャーが、うちを選んでくれればいいですが、実際はなかなか難しい。それでも、中学時代に素材が光るピッチャーは必ずいます。どれだけ見つけられるか。担当するコーチには、『大事なのは先見の明だぞ』と言っています。細身でヒジの使い方が柔らかい子は魅力がありますよね」

近年のエース格のサイズを見ると、森田監督の言葉により説得力が加わる。

鈴木圭晋は2年夏時点で183センチ76キロ、遠藤は3年夏時が184センチ82キロ、山岸は181センチ80キロ。どういうピッチャーを好んでいるかがよくわかる。

トレーニングとともに体重を増やすことに力を入れ、補食では1年通して、餅を食べる。遠藤は2年夏から3年夏にかけて、体重が11キロ増えた。

かつては森田監督もリクルートに関わっていたが、今は教え子でもある河野桂太郎コーチに完全に任せている。高橋徹（元ソフトバンク）や坂田遼（西武二軍スコアラー）とチームメイトで、2年秋（2003年）に関東大会に出場した世代の主軸打者である。

「河野には、『迷ったら相談しろよ』とは言っていますが、ほとんどないですね。おれは口を出さない。やっぱり、任せてあげないと、頑張ろうと思わないですよね。監督がすべてを決めてしまうと、『どうせ、最後は監督が決めるんでしょう』となってしまう。そうなると責任感も出てきませんから」

スタッフは、森田監督の「右腕」とも言えるOBの川島均部長が技術指導を担い、河野コーチ、小泉雅也コーチ、小原慎平コーチがサポートする。川島部長が打つノックは元横浜の小倉清一郎コーチが「うまい！」と認めた職人技で、森田監督も全幅の信頼を置く。

「Bチームはコーチに任せていますが、選手たちには『おれはコーチの推薦がないと使わないからな』と話しています。だから、コーチにも『楽しみな選手がいたら、どんどん言ってくれ』と」

信じて任せることで、コーチ陣も伸びていく。

2023年夏、今も悔いが残る慶應義塾戦の配球

ベスト8で慶應義塾に敗れた2023年夏。ひとつ前の5回戦で塚原を先発に立てたのは、こんな理由がある。

「大事な試合は絶対にエースが先発する。そのための『1番』なので。去年の夏は、5回戦の向上の次が慶應でした。慶應に鈴木をぶつけるためには、向上戦は塚原にできるだけ頑張ってほしい。鈴木もまだ2年生でスタミナが課題だったのもありますが、大会前に塚原が結果を出してくれたことで、チームの信頼も得ていた。それがなければ、夏の大会で起用することはなかなかできません」

満を持して臨んだ慶應義塾戦は2対7で力負け。森田監督の中には、「あれがなければ……」と今でも悔やむ配球がある。

3回裏に1点を失ったあと、一死一、二塁で五番の延末藍太（慶應義塾大）を迎えた場面だ。第一打席では、鈴木の武器であるチェンジアップを3球続けて、空振り三振に仕留めていた。バットに当たる気配すらなく、明らかに合っていない。ベンチにいた森田監督は、「チェンジアップを投げておけば抑えられる」と踏んでいた。ところが、1ボール0ストライクから選んだのはストレート。インコース寄りに甘く入り、ライトスタンドに3ランホームランを叩きこまれた。

「キャッチャーの宇野（優吾／鶴見大）がベンチに戻ってきたときに、『何で？』って聞いたんです。そうしたら、圭晋（鈴木）がクビを振ったからと。次に、圭晋に『何で？』と確認したら、『第一打席でチェンジアップを振ってきたので、張られている気がしました』と。いや、チェンジアップにまったく合っていなかったわけですからね……。練習試合のときからバッテリーに言っているのは、『合っていない球種があれば、3球続けてもいい。遊び球は要らない』。すべては結果論ですが、あの3ランがなければ、もっと競った展開にできたと思っています」

ベンチから森田監督が配球のサインを出すことはまずない。練習試合や紅白戦で、配球の考え方を伝え続け、公式戦では「お前らに任せたから」と送り出す。相手が、強打が売りの慶應義塾ということで、警戒心が増したところもあったのかもしれない。事前に、攻め方を徹底できなかったことを、指揮官は今も悔いている。

さらにもうひとつ、忘れられないプレーがある。

5点を追う8回表、一死から代打の武井大晟（青森大）が二塁打を放ち、代走に源大義（神奈川工科大）を送った。その直後、宇野がセンター前にヒットを放つが、源がホームでタッチアウトになった。5点差であることを考えれば、セオリーは三塁でストップだったが……。

「『点差を考えてプレーしなさい』ということは、日頃から何度も伝えていることです。でも、横浜スタジアムの準々決勝、さらに終盤でリードされている展開になると、どうしても焦りが出てしまう。ただ、アウトになってから気づいたのが、代走の源がいつもは三塁コーチャーをやっていたために、代わりに入ったのは経験の浅いコーチャーだった。正直、そこまで想定していなかったんですよね。そこも含めて、試合状況を考えたうえでの判断力をもっと徹底していかないといけないと実感しました」

なお、慶應義塾の先発・小宅雅己からは6安打を放ったが、要所をうまく締められた（小宅－鈴木佳門－小宅－松井喜一の継投）。小宅こそ、「高校野球で勝てるピッチャー」と評価する。

「ストレートのスピード、キレが良く、コントロールも安定している。変化球でもしっかりとカウントが取れる。大きな欠点がひとつもなく、高いレベルでバランスがいい。その前で言えば、東海大相模の庄司（裕太／東海大）がそのタイプ。フォームの力感以上に、ボールがピッと伸びてくる。

高校生で打ち崩すのはなかなか難しい」

庄司とは、2022年夏の準決勝で対戦するも、4回1安打とほぼ完璧に抑え込まれた。

強くあってほしい母校、倒さなければいけない母校

夏の初出場校は、2009年の横浜隼人以来出ていない。

「それが神奈川の厳しいところなんでしょうね。ほかの県だと、初出場校が結構出てきますけど、神奈川にはそれがない。うちみたいな学校からすると、初出場が数年に1回あるほうが面白いんですけどね。ただそれは、横浜や相模の力が落ちてきたことにもなるので、神奈川で育った人間としてはちょっと寂しい。大会で創学館が負けたあとには、母校を応援しています。母校はいつまでも強くあってほしいですよ」

横浜は、OBの村田浩明監督が就任して4年が過ぎた。後輩にも当たる村田監督のチーム作りはどう見ているのか。

「村田くんは大変だと思いますよ。あれだけ実績のある学校で、偉大な監督のあとを継ぐのは誰がやっても大変でしょう。もうちょっと、自分の色を出してもいいんじゃないかなとは思いますけどね」

強くあってほしい母校であるが、絶対に倒さなければいけない相手でもある。

「決勝で横浜に勝って、甲子園に出たいですよ。思い返してみると、横浜と一番競った試合ができたのが、1点差で負けた2011年の夏の準決勝。エースの住吉（志允）が本当によく投げて、試

合を作ってくれた。打線を強化するのは当たり前として、ピッチャーが良ければどこが相手でもそうは失点しないもの。バットが変わることで、余計にそうなるかもしれません」

日頃の練習から、頂点を意識させるために、あえて『甲子園』を口にする。口に出さなければ、目標は叶わない。

「夏の甲子園に行くには、シードを取ることが絶対条件です。一旦シードを逃すと、大会の早い段階で強い私学と当たることになり、なかなか苦しい。今は夏のベスト8に入れば、秋のシードを取れるので、『後輩のためにもシードを取ることが、創学館の伝統につながっていく』という話をよくしています」

２０２１年から秋のシード制が採用され、大会の序盤で強豪同士がぶつかる可能性は低くなっている。

「甲子園には現役時代に1回出場しただけですけど、勝ち上がった代表校による大会なので、また違った形で勝負ができる楽しさがありました。県大会では、『甲子園に出なければいけない』というプレッシャーがあって、代表になったことでそこから解放される。自分の中で思い切りプレーができた充実感があった。それを、今の生徒たちにも経験させてあげたい。だからこそ、甲子園に連れて行ってあげたいんですよね」

横浜隼人が夏の神奈川を制したときは、水谷監督がグラウンドで顔をくしゃくしゃにして大粒の涙を流した。

「ミズ（水谷監督）のあの気持ちはわかりますよ。若い頃から、苦労していたのも知っていたので」

甲子園を決めた翌日、森田監督は横浜隼人のグラウンドを訪れ、お祝いを手渡した。先を越された悔しさもありながら、付き合いの長い仲間の快挙を我がことのように喜んだ。

両者の公式戦での対戦は、意外にも2014年の秋が最後。夏にいたっては、2010年の準々決勝以来当たっていない（どちらも横浜隼人の勝利）。水谷監督にこの話を振ると、「夏の決勝で当たるように、野球の神様が取っているんですよ」と笑う。

年齢のことを考えれば、監督として残りの年数が少ないことは自覚している。甲子園を狙えるチャンスはあと数年。できる限り長く指揮を取れるように、健康には人一倍気を遣う。

「土日は朝6時に起きて、自宅からグラウンドまで1時間のウォーキングを欠かさずにやっています。真っすぐ歩いてくれれば、10分で着くんですけどね、あえて遠回りをしています」

じつは、48歳のときに健康診断に引っかかり、担当医から生活習慣の改善を強く勧められた。この頃の最高体重は100．4キロ。好きなものを好きなだけ食べていた自覚もあった。現在は食生活の見直しとウォーキングの成果もあり、82キロ前後をキープしている。

「残りが少ないからこそ、悔いを残さないように思い切りやりたいですよ」

次の初出場校はどこか。もうそろそろ、歴史が動いてもおかしくはない頃だ。

CHAPTER
8

日大藤沢

山本秀明

監督

**エベレストから富士山に変わった
神奈川の頂上
自らやろうという気持ちを育て、
選手を"本気"にさせる**

2004年に日大藤沢の監督に就任し、今年21年目のシーズンを迎える山本秀明監督。2007年春のセンバツに出場して以降、甲子園には手が届いていない。近年はベスト8にコンスタントに顔を出すも、頂点は遠い。2019年夏は、決勝で東海大相模に1対24の大敗を喫した。それでも、山本監督は「甲子園は近づいてきている」と、神奈川の頂点を視界に捉えている。

	秋		春		夏	
2020	県	3回戦	中止		県	5回戦
2021	県	3回戦	県	ベスト4	県	ベスト8
2022	県	4回戦	県	3回戦	県	4回戦
2023	県	ベスト4	県	4回戦	県	ベスト8
2024	県	ベスト8				

県＝県大会
秋春夏を1シーズンと考えて、秋のシーズンは翌年に入れています

PROFILE

山本秀明（やまもと・ひであき）

1970年4月11日生まれ、神奈川県茅ケ崎市出身。日大藤沢－三菱自動車川崎。現役時代はキャッチャーで活躍し、10年在籍した社会人では都市対抗や日本選手権に出場。現役引退後は、会社に勤めながら、1999年から2003年まで横浜隼人でコーチを務め、2004年8月から日大藤沢の監督に就任。学校では事務職として働く。2007年センバツ出場。キャッチャーの育成に定評がある。

2019年夏の決勝、東海大相模戦で今も残る悔い

昨年11月5日、秋季中国大会の決勝が行われた日の夜、山本秀明監督は創志学園を率いる門馬敬治監督に連絡を入れた。決勝で広陵に敗れはしたが、翌年のセンバツ出場をほぼ決定付けていた。

「門馬さん、『おめでとうございます』と言っていいかわからないですけど」

決勝で敗戦。人一倍負けず嫌いの門馬監督だけに、敗戦直後に「おめでとう」は言いづらい。

「山ちゃん（山本監督）、全然だよ、まだ全然。でも、選手が本当によく我慢してくれたよ」

決勝後、すぐにグラウンドに戻り、練習をしたという。

「帰ってからすぐにやったよ。負けた悔しさがあるうちに練習をしないと。悔しさが醒めてからでは遅いから」

門馬監督が神奈川にいた頃、山本監督は「打倒・東海大相模」を公言し、タテジマを倒すことに全精力を傾けてきた。東海大相模に勝てるチームを作れば、おのずと甲子園は見えてくる。しかし、何度も何度もその壁に跳ね返され、対戦成績は0勝8敗。公式戦では一度も勝つことができず、門馬監督は2021年夏を最後に、東海大相模の監督を退いた。

「『できるようになるまで練習をする』『勝てるようになるまでやる』。門馬さんから一番受けた刺激は、練習の大切さです。練習をやらせきるのは本当に難しい。それを、門馬さんはやっています。すごさを感じるのは、入学時にそこまで目立っていなかった選手を、日々の練習でトップクラスの選手に育てていくことです」

もしかしたら、神奈川の指導者の中で、門馬監督の一番のファンが山本監督だったかもしれない。その口から、プロで活躍するOBの名が次々に挙がった。

「森下翔太（阪神）とは1年生のときに試合をしていますが、『何でこんなに早く使うんだろう？』と正直思いました。バットに当たらずに、たしか2打席で交代。それが、その年の秋に見たときにはもう強打者の片鱗を見せていて、2年夏の準々決勝では初回に2ランを打たれ、流れを持っていかれました。信じて我慢して使い続けて、できるようにしていく。まず、門馬さんが一番あきらめないですよね」

ポジションも固定せずに、プレーヤーとしての幅を広げていく。

「田中広輔（広島）はセカンドで十分うまいと思ったのにショートで育てて、大田泰示（DeNA）や遠藤成（阪神）もショート。最近で言えば、山村（崇嘉／西武）ですよね。ファーストに専念させずに、3年生になってからはショートで鍛えた。こっちから見ていて、『いや、さすがにショートはしんどいんじゃない？』と思う選手であっても、当たり前のようにショートを守れるだけの選手にしていく。それだけの練習をしているということです。プロだけでなく、大学や社会人でも活躍している教え子が多いですけど、練習量に裏打ちされた心の強さや芯の強さがあるからだと思います。うちも、そこを目指してやっています」

気持ちの強さだけではない。2019年夏の決勝で戦い、1対24で敗れたときには、隙のなさを肌で感じた。

大会直前の練習試合では、先発の武冨陸（セガサミー）が試合を作り、中軸の牧原巧汰（ソフトバンク）、姫木陸斗（法政大）にホームランが飛び出る理想的な展開で、8対4で勝利していた。

勝負のカギは序盤。過去の対戦では、序盤に猛攻を受け、主導権を握られることが多かったからだ。決勝の初回、武冨が相模打線を6球で三者凡退に抑えて、スコアボードに0を入れた。結果だけを見れば、上々の立ち上がりだったが、ベンチの山本監督の見立てはまったく違った。

「打者3人すべて、芯で完璧に捉えていました。武冨が大会中に肩を痛めたこともあって、万全の状態ではなかったのですが、それを差し引いても、厳しい展開になるなと……」

先頭の鵜沼魁斗（東海大）が初球を迷いなくスイングしてセンターライナー。二番の本間巧真（JFE東日本）も1ボールからのファーストストライクを振り抜き、左中間にライナーを放った。

指揮官の嫌な予感は的中し、2回に内野ゴロで1点を失ったあと、3回に遠藤の2ランを含む6本の長短打を浴びて6失点。4回、先頭の西川僚祐（くふうハヤテ）にレフトスタンドに放り込まれたところで、投手交代を告げた。

「完全に球種を張っているようなスイングでした。これは試合後にわかったことですが、ストレートと変化球を投げるときで、武冨のグラブの開き方にクセが出ていたようです。それを知って、『だから勝てないんだ。何をやってんだよ！』と思いました。それは、選手に対してではなく、自分に対しての言葉で、決勝の最後まで、クセがあることに気づけなかった私の責任です」

門馬監督との最後の試合は、2021年春の準決勝。センバツ王者の東海大相模に挑む戦いとなったが、5対14で力負けを喫した。

「ずっと門馬さんを目標にしていたので、退任されたあと、しばらくは〝門馬ロス〟でしたね。目指すところがかすんでしまって。ただ、今はもう『鉄壁のカベがなくなった』という感じで、うちにとってはチャンスです」

エベレストから富士山に下がった神奈川の頂上

監督就任21年目。今年4月で54歳を迎えた。

日大藤沢から三菱自動車川崎に進み、キャッチャーとして活躍。1999年から2003年まで横浜隼人のコーチを務め、2004年8月から母校の監督に就任した。よく知られている話だが、中日ドラゴンズで通算219勝を挙げた山本昌氏は、5つ上の兄である。2018年3月からは、日大藤沢の臨時コーチとして、投手指導に来ている。

「長くやらせていただいているので、20年という数字は自分なりに意識しています。2006年秋に関東大会で勝ち上がり、すごく早いタイミングでセンバツに連れて行ってもらって、『またすぐに甲子園に行けるだろう』と思っていました。そこから勝てずに、関東大会も2008年の秋以来出ていません。ただ、勝ってはいないですけど、何とか踏ん張って粘っている。私自身は、甲子園は近づいてきていると感じています」

ここ10年、夏の大会を見ると、2014年に厚木、2018年（南神奈川大会）に藤沢翔陵に初戦で敗れたこともあったが、準優勝が1度、ベスト4が1度、ベスト8が3度と、最終決戦の横浜スタジアムに顔を出している。

なぜ、甲子園が近づいてきていると感じるのか。

「言いづらいですが……」と付け加えたうえで、勢力図の変遷に触れた。

「昨夏、慶應義塾が日本一にはなりましたが、トップにいる学校がそこまで突き抜けてはいないですよね。以前は、〝エベレスト〟に見えていた山が、今は〝富士山〟ぐらいの感覚です。ずっと神奈川をリードしている横浜、東海大相模は、監督が代わったことでどうなっていくか、未知数なところがあります。勝っていない私が言うのも、本当に申し訳ないですけど」

日大藤沢はどの立ち位置にいるのか。

「うちの立ち位置はずっと曖昧で、神奈川全体の勢力図から考えたとき、『ベスト16ではないけど、でも、ベスト8でもないよね』という感じだったと思います。横浜、東海大相模、桐光学園、慶應義塾、あるいは桐蔭学園が、〝四強〟を形成していて、それを追う形で横浜隼人、横浜創学館、平塚学園、向上、横浜商大、相洋などがあり、日大藤沢はその下だったのかなと。だいたい十番手の位置ですかね」

相撲の番付で言えば、東の小結か、前頭一枚目あたりだろうか。

「私の感覚ですが、上の4つとベスト8のグループの差が開いて、準々決勝がほとんど大差になるような年もありました。ベスト8の層が下がって、十番手のところに何校も並んだ。そこで、うちが何とか粘っていたら、四強の足元が少し揺らいできて、ちょっとずつ差が縮まってきたのかなと」

この話は、山本監督に限らず、ほかの私学の指導者からも聞こえてくることだ。

日本一になった慶應義塾とは、2022年秋の準決勝で戦い、6対7の大接戦を演じた。最終回、あと1本出れば逆転サヨナラの場面まで作り上げたが、わずかに及ばず。いわゆる四強に対して、圧倒的な差を今は感じていない。

勝負がかかった場面での判断力がカギ

ただ、そのわずかな差が勝敗を分けているのも事実で、それが上位校との差とも見てとれる。

前述した慶應義塾との準決勝は、秋季関東大会につながる大一番。8回表まで2対7の劣勢も、8回裏に主砲の田上優弥(巨人)が、二番手の松井喜一(慶應義塾大)から3ランを放ち、2点差に迫った。9回裏には二死一塁から、牧原賢汰、宗形耀斗(上智大)の連打で1点を返すと、杉山大和(国際武道大)がフォアボールでつなぎ、二死満塁まで攻め込んだ。

打席には、前の打席で3ランを打っている田上が入った。二塁走者は俊足の宗形。外野へのヒットで、逆転サヨナラの可能性も見えていた。しかし、田上が松井のストレートに対応できず、ライトフライに終わった。

この場面、山本監督にはいくつかの反省がある。田上が打席に入ったとき、投手対打者の勝負ではなく、セカンドからサードに回っていた大村昊澄(慶應義塾大)の守備位置が気になっていた。三遊間を締めるために、三塁ベースからかなり離れ、三塁走者をノーマークにしていたのだ。

「三塁ランナーの牧原にホームスチールのサインを出すか、あるいは田上のセーフティバントか。決まるんじゃないかと思ったんです。でも、秋の段階でまだそこまでの練習をしていない。当時は1年生で、仮に失敗したときに責任を負わせることはできない。もろもろのことを考えて、最終的には田上のバッティングに期待しました」

田上は外のボール球のストレートを見逃したあと、外のストレートを2球空振りして、1ボール2ストライク。明らかなストレート攻めだったが、最後もストレートに振り負け、フライを打ち上げた。

松井は、曲がり幅の大きいスライダーが武器の右サイドスロー。8回の打席では、田上が低めのボール気味のスライダーをうまく拾い上げ、レフトスタンドに放り込んでいた。

「あの試合に関しては、スライダーの制球が定まっておらず、満塁なので押し出しデッドボールも怖い。そう考えると、外のストレートしかない。そこだけを狙うような指示を出せれば良かったのですが」

外のストレートだけに意識を向かわせておけば、また違った結果が生まれたかもしれない。山本監督の視野が広すぎたがゆえに、さまざまな策を考えすぎてしまった感がある。それでも、試合後のミーティングではこんな話をした。

「『サードの守備位置を見ていた選手はいるか？』『セーフティバントやホームスチールの発想があった選手は？』と聞くと、誰もいませんでした。『サインを出したときに、〝よっしゃ、来た！〟と思えるチームになれば、夏に勝てる可能性はあるよ』という話をしました」

一方で、慶應義塾の森林貴彦監督は試合後に「8回のホームランは配球ミス。田上くんは強いストレートに振り遅れるので、ストレート中心に攻めることをミーティングで確認していました」と明かした。9回の満塁の場面では、伝令のタイムを使い切っていたが、キャッチャーの渡辺憩（慶應義塾大）が冷静な判断で、ストレートで攻め抜いた。

もうひとつ、2022年夏の4回戦も際どい戦いだった。ノーシードだった日大藤沢は、春の王者・桐光学園に対して、先発の坂田直輝（神奈川大）の好投もあり、一歩も引かぬ戦いを見せた。1点ビハインドで迎えた9回表には、主砲の柴悠貴（日本大）にこの日2本目のホームランが生まれ、2対2の同点。10回裏、日大藤沢の守り。坂田が二死走者なしから、スピードが武器の矢竹開にヒットを許した。山本監督はすぐさまタイムを取り、マウンドに伝令を送った。

「全球勝負。遊び球なし」

矢竹の盗塁を刺すのは難しい。走られてもいいので、ストライク先行でバッテリー有利のカウントを早めに作る狙いがあった。

初球、ストレートで見逃しストライクを取ったあと、2球目にキャッチャーが外に寄ったのがベンチから見えた。「ん?」と指揮官が覚えた違和感の通り、2球目はアウトコースのボール球。このタイミングで矢竹に盗塁を許し、その直後に二番の主将・篁哲郎（上智大）にサヨナラタイムリーを打たれた。

「当時のキャッチャーは1年生。伝令も、私が意図したことがバッテリーにどこまで伝わっていたか、本当のところはわかりません。あとで確認するようなこともしていませんから」

社会人のトップレベルでマスクをかぶってきた山本監督だが、ベンチから配球のサインを出すことはない。「自身がキャッチャーだったからこそ」と言ったほうがいいかもしれない。

「外（ベンチ）から見て出すサインは、バックネット裏の観客の視点と一緒だと思っていますから。それは、やりたくないですね。バッターの一番近くに座っているのはキャッチャー。最終的な配球は任せています」

意図が伝わりきらなかったのは、すべてベンチの責任。紙一重の戦いを落とした。

2023年春の敗戦後に下した大きな決断

2023年春、山本監督は大きな決断を下した。

「うちが敗れた慶應が、センバツに出場するところまで行ったので、『おれたちももっと練習すれば、甲子園に行けるぞ』という雰囲気になるかと期待していたのですが、なかなか上がってきませんでした。冬の間もチームが〝ふんわり〟していた。その状態のまま、春に臨んで、立花学園に敗れたことで夏はノーシード。さすがに、何かを変えなければいけない。負けた日の翌日から、私からは練習メニューを一切提示していません。選手たちがすべてを考えるように変えました」

就任21年目、初めての試みだった。2024年の今も、このやり方を継続している。

「表現が難しいんですが、本来は、高校生に自主性なんてないと思っています。大人と高校生では、生きてきた年数が違い、比べ物にならないほど経験値の差があります。たとえば、高校生の生活の基盤は家、学校、グラウンドの三角形で、たまに治療院に行くと四角形になる。希望の職業を聞くと、指導者、教員、プロ野球選手、トレーナー、スポーツメーカーが多く、生活の中でイメージできる仕事に限られてくるのです。それぐらい、触れているものが少ない。野球で考えても、やっぱり、経験の数が圧倒的に違う。高校生にメニューを考えさせるよりも、指導者が今の課題を考えながら、メニューを作ったほうが成果につながると思っています。たとえ高校時代にわからないことであっても、技術や考え方を教え、引き出しを増やすことによって、大学や社会人で生きてくればいいと考えています」

その考えを持ちながらも、メニューの作成を任せるようにしたのはなぜか。

「完全な自主性は無理であっても、〝自主性のように〟感じさせることは大事なのかなと。自らやろうという気持ちを育てていかないといけない。指導者から与えるより、自分たちが考えたうえで『これをやろう』と決めたことのほうが、選手たちも頑張ろうとするのではないか」

環境面の変化も関係している。学校の完全下校時間は20時。グラウンド整備や片付けを考えると、19時半前には練習が終わる。「文武両道」の教育方針から、勉強も重視する学校であり、部活動の時間はかつてと比べて大幅に減っている。

「半分は言いすぎですけど、5分の3ぐらいには減っています。もともと、うちは練習量で鍛え上げるチームで、『量で相模に勝つぞ！』とやっていました。できないことがあるのなら、数をやるしかない。選手にはずっと言い続けていますが、『練習＝精神力の鍛錬』であって、そのためにはある程度は指導者が厳しく教えていく。ただ、それが難しい時代にもなってきているので、彼らの自らやる力を引き出していかなければいけない。最近はよく、『大人に言ってもらえないときは、どうするの？』と問いかけています。そうすると、『自分たちで厳しくやらないといけないです』と返ってくるんですが、まさにその通りなんですよね」

練習前に、キャプテンが監督室をノックして、「今日はこれをやります」と伝えに来る。「いいよ」と言うときもあれば、「どんな狙いで？」と聞くことも当然ある。

「何も言わずに、その日の練習を黙って見ていることもあります。練習がすべて終わったあとのミーティングで、『本当、今さらで悪いんだけど、今日の練習ってどんな狙いがあったの？』と、ダメ出しをすることもあります。選手からすると、『だったら、練習の途中で指摘してくれよ』と思っているかもしれません」

誰よりも練習をした中里柾斗の存在感

選手に任せるようになってから、初めて臨んだ2023年夏の神奈川大会。「どこまで行けるか未知数で、初戦負けもあると思っていました」と素直な気持ちを明かす。

「それでも、大会が近づくにつれてチームがまとまり、雰囲気が上がってきていました。ダンス部、吹奏楽部、野球部での応援練習があるんですが、ダンス部の先生から『今年の3年生はすごいですね。本当に一生懸命に応援していますね』と言われたほどです。今の3年生は、選手だけで38名いて、私が就任してから過去最多の人数でした。大会が始まってからも、メンバー外の3年生が本当に一生懸命にやってくれて、ベスト8まで行けたのはその力が大きいと思います」

なぜ、大所帯の学年がまとまったのか。

「選手だけでメニューを組もうとすると、野球の技術は関係なく、〝みんなでやろう〟という雰囲気になりやすい。同じ学年の選手を外すことは、なかなかできないですよね。部員が多い分、野球に対する温度差はあったのですが、人間的なつながりは私が思っていた以上に強いものがあったのかもしれません。そういう学年だったからこそ、ひとつでも多く勝ちたかったんですけどね。Y校には勝ちたかったです」

準々決勝まで勝ち進むも、横浜商に2対3で敗れた。田上のタイムリーで幸先よく先制したが、先発の左腕・佐藤快司が5回までに3点を失い、打線も横浜商の継投の前にかわされた。

「打率を調べていたわけではないですが、Y校の打線がその前の試合まで気持ちよくバットを振っていて、どこからもヒットが出ていた感じがありました。そこに、ハマらなければ……と思っていたのですが、見事に合ってしまった。Y校の伝統だと思いますが、気持ちが乗っているときは『ワイワイ野球』でどんどん振ってきます」

打線では、田上とともにポイントゲッターとして期待していた一番打者の中里柾斗(亜細亜大)が、5回戦までに15打数1安打と苦しんだ。春の大会では、地区予選を含めて5本塁打を放っていた強打者だ。

「この学年で、一番練習していたのが中里でした。入部当初のことを考えれば、本当にうまくなりました。打てなくても、誰も文句は言えない。それだけの練習をやっていましたから。練習が終わってからでも、家で必ず素振りをする。どこかで打ってくれるだろうと、みんなが期待していた選手です。大会中も、『お前は誰よりも練習してきたんだから、大丈夫だぞ』と言い続けていました。5回戦の横浜隼人戦で先制の二塁打を打ってくれて、チームのみんなが喜んでいました。中里自身、『たくさん練習をしたからといって、結果が出るわけではない。でも、練習をしなければ結果は出ない』とわかったと思います」

中里が努力する姿を例に出して、チーム全体によく言っていた言葉があるという。

「中里が9人いたら、うちは勝つよ」

ひとりひとりが、それだけの意識を持って練習をしてほしい、という意味だ。

この春から、東都の強豪・亜細亜大に進んだ。

「日藤から亜細亜大に行くのは、おそらく、私の同級生以来だと思います。どこに出しても恥ずかしくない選手なので、本人が希望する大学に行かせてあげたいと考えていました。この悔しさを持って、大学でもっと頑張ってくれるはずです」

うまくいったこともいかなかったことも、すべてが財産になる。

「やる気」ではなく「本気」にする

では、中里のような気概を持った選手をどのように育てていけばいいのか。そもそも、育てることはできるのか。

「うちの校長（楠本文雄氏）は柔道界で実績を上げた人ですが、『指導者は選手を〝やる気〟にさせるのではなく、〝本気〟にさせるんだ』という話をよくしています。『〝やる気〟なんてものは、親に怒られたり、監督に怒られたりしたらすぐに消えてしまう。でも、〝本気〟はそう簡単には落ちないんだよ』。たしかにそうだなと」

どうすれば、本気にさせられるのか――。大事なのはそこだ。

「一番大事なことは、指導者自身が本気になることなんですよね。本気で甲子園を目指して、本気で勝ちたいと思っているのか。その本気度がすごかったのが門馬さん。だから、選手の心に火が点いていたのだと思います。昔であれば、指導者側が与える怖さで、本気にさせていたのかもしれませんが、今はそういう時代ではないし、それで本気になる選手はいないでしょう」

2019年夏の神奈川大会で準優勝したあとに、楠本校長からこの話を聞いたそうだ。

「本気で甲子園を目指すとはどういうことか。それを日々、自問自答しています。なかなか答えはわかりません。最後に甲子園に出たのが2007年で、それもセンバツですから、夏とはまた違います。門馬さんは、『甲子園で優勝する』という絵が鮮明に見えていて、それを成し遂げるために必要なこともわかっていると思いますが、私には見えていません。見えていないものにたどり着くのは難しい。だからこそ、見えないものに向かって、全力を尽くすしかないんですよね」

選手にも言っている言葉であるが、自分自身にも言い聞かせている言葉だ。

「これも、2019年に準優勝した頃からですけど、自分の中で意識的に、思考を変えるようにしました。うちは寮がなく、推薦で入学できる選手の数も限られています。学力が上がっているうえに、練習時間にも制限がある。『この環境では、神奈川で勝つのはしんどいよな』と思っていたときがあります。でも、監督がそれを言ったり、思ってしまったら、もう負けですよね。今の環境で、どうやって勝つか。物事のすべてを、『他責』ではなく『自責』で考える。野呂さんもよく言っているんですよね。『自分でコントロールできないことを気にしても仕方がない』って。この年齢になってですけど、本当にその通りだと思います」

桐光学園の野呂雅之監督とは、日頃から交流が深く、練習試合も毎年行う仲である。

「野呂さんは、いい意味で周りのことを気にしていないですよね。自分がやれることにエネルギーを注いでいる。その姿勢を見習いたいです」

私も、野呂監督の口から他校を羨んだり、自分たちの環境を嘆いたりする言葉は聞いたことがない。今ある環境の中で全力を尽くしている。

メンタルトレーニングで「甲子園」の青写真を鮮明に描く

「本当は、あまり言いたくないんですけど……」

取材中、山本監督が自ら切り出した話があった。

「じつは昨年の11月からメンタルトレーニングを取り入れました。『ＳＢＴ』って聞いたことがありますか？　『スーパーブレイントレーニング』です」

「何と、びっくりです。慶應義塾も取り入れていますね」

「そうなんですか？　それは知らなかったですけど、慶應のマネをしていると思われるのもイヤだなぁ（笑）」

慶應義塾に影響を受けたのかと思ったが、まったくそんなことはなく、「今のチームに必要なこと」を模索していくうえで、ＳＢＴにたどり着いた。

「選手を本気にさせるのが指導者の役割のひとつだと思っていますが、なかなか難しい面もある。何と言っても私が甲子園優勝の青写真を鮮明に描けていない分、選手の青写真もやっぱりぼやけてしまう。何とか、青写真を鮮明に見させてあげたい。メンタルトレーニングの力を借りることにしました」

体と技を鍛えるのと同様に、心も鍛える時代だ。実際にどんなトレーニングをしているのか。

「脳は、自分自身の言葉や表情や行動を信じやすい性質を持っていて、そこから変えていく。簡単に言えば、前向きな言葉、表情、行動を意識的に作ることが大事であって、『甲子園に行くのは無理だ』と思っていたら、脳もそれを信じてしまう。自分たちで勝手に壁を作って、可能性を狭めることになりかねません。私自身も勉強中で、講義には毎回出るようにしています」

ただ、本音を言えば、メンタルトレーニングを導入することには大きな迷いがあったという。「あまり言いたくない」と言ったのはそのためだ。

「高校生は練習すればするほど、うまくなる可能性を秘めています。がむしゃらにバットを振って、泥だらけでノックを受けて、一生懸命にトレーニングを重ねて、成長していく。私は練習を何より大事にしているので、日々頑張り続けた結果が勝ちにつながったと思ってほしいんです。それが、メンタルトレーニングを導入したあとに勝った場合、勝因の半分ぐらいをメンタルに持っていかれるような気がしていて……。社会人やプロ野球選手が、自分の限界点が少しずつ見えてきて、最後の最後に心に頼るのであれば、十分にわかるのですが」

それでも、葛藤の中で導入した。練習メニューを選手に任せたように、指導者としての理想論を持ちながらも、そこだけには固執しない。今までと同じやり方では、甲子園は見えてこないことはわかっている。

2020年からは、体の使い方を専門的に指導する瀧本修氏（ボディ・パフォーマンスディレクター）をトレーナーに招き、継続的に指導を受けている。瀧本氏がチームに入ってからは、走り込みの量をあえて減らし、専門的なトレーニングに時間を充てるようになった。

ここ数年の新たな取り組みが、どのように回っていくか――。

「甲子園球場のツタは見えています。まだ、新幹線には乗っていませんけど、新横浜駅の改札前にはいますね。乗ってしまえば、のぞみであれば、甲子園はすぐですから」

エベレストから富士山に変わった神奈川の頂上。標高が下がれば、日大藤沢にチャンスがより広がるが、「強い神奈川」を望む気持ちが強い。

「多少入れ替わりがあったとしても、上の4つが強いから神奈川は面白い。夏のトーナメントで考えると、準々決勝までの壁と、準決勝からの壁の高さがまったく違います。準決勝、決勝で、四強の2つに連勝できるかどうか。どの学校も、そこに跳ね返されているわけです。それが神奈川の苦しいところですけど、面白いところです」

「甲子園は近づいてきている」という言葉を証明できるかは、自分たちの取り組み次第。本気のチームを作り上げ、頂点に挑む。

CHAPTER
9

桐蔭学園

片桐健一

監督

OBの力を結集し、
再び周りから憧れる高校へ
「オール桐蔭」で
復活を目指す

春夏合わせて12回の甲子園出場を誇る名門・桐蔭学園。1999年を最後に夏の甲子園から遠ざかる中、2017年秋に就任したのがOBの片桐健一監督である。2019年春に16年ぶりにセンバツに出場し、復活を予感させたが、夏は優勝争いに絡めずに、2021年には初戦敗退も経験した。昨年12月から、偉大なOBが名を連ねる「技術指導委員会」を発足し、再びの頂点を狙っている。

	秋		春		夏	
2020	県	4回戦	中止		県	4回戦
2021	県	ベスト4	県	3回戦	県	1回戦
2022	県	ベスト8	県	準優勝	県	4回戦
			関	2回戦		
2023	県	4回戦	県	4回戦	県	5回戦
2024	県	4回戦				

県=県大会 関=関東大会

秋春夏を1シーズンと考えて、秋のシーズンは翌年に入れています

PROFILE

片桐健一（かたぎり・けんいち）

1973年8月21日生まれ、東京都八王子市出身。桐蔭学園ー日本体育大。高校時代は1年春からベンチに入り、3年夏に甲子園出場。日体大で内外野のユーティリティープレーヤーとして活躍したあと、1996年から桐蔭学園のコーチに就任。2007年秋から2009年春まで監督を務め、再び2017年秋から監督に就いた。2019年春に森敬斗（DeNA）を擁して、就任後初の甲子園出場を果たす。

「オール桐蔭」で技術指導委員会を新設

今年3月中旬、ネット裏にある関係者席を訪ねると、大柄な体の男性が座っていた。どこかで見たことのある顔。名刺を交換させてもらうと、そこには「副島孔太」の名が書かれていた。

1991年夏、桐蔭学園の外野手として甲子園ベスト16進出。3年生に高木大成（元西武）、1年生に高橋由伸（元巨人）がいた強力打線の中で、2年生ながら四番を任されていた左の強打者である。翌1992年夏も神奈川を制し、甲子園に出場。法政大に進んだあと、1996年のドラフト5位でヤクルトに入団。2002年の途中からオリックスに移り、プロ在籍8年で21本のホームランを放った。

引退後はさまざまなカテゴリーの野球指導に関わり、一昨年までは岡山の創志学園をサポートし、甲子園出場に貢献した。現在は、大和市を拠点とするGXAスカイホークスの監督を務めている。

「『バッティングを見てほしい』と片桐監督に呼ばれて、久しぶりにグラウンドに来ました。一応、技術指導委員の役割もいただいています」

じつは今年1月、横浜隼人の水谷哲也監督から、「桐蔭学園がOBの力を結集して、『オール桐蔭』で復活しようとしている」という情報を得た。その柱のひとつが「技術指導委員」の存在になるようだ。

早速、片桐健一監督に立ち上げの経緯を聞いた。

「昨年12月に、志村亮さんがOB会長に就任されました。志村さんに教えていただいたのが、慶應義塾大学硬式野球部のOB会の組織で、技術的なアドバイザーから医療、広報、さまざまな面で野球部をサポートしている。桐蔭学園でも、慶大のような組織を作っていこうという話になりました。桐蔭学園には素晴らしいOBの方がたくさんいて、ぼく自身もOBのみなさんに力を貸していただきたいと思っていました。非常にありがたいことです」

指導委員のトップには明治大の元監督・善波達也氏が就き、志村会長や片桐監督を含めた話し合いの中で、メンバーを選んでいった。リストを見せてもらうと、まさに〝オール桐蔭〟と呼びたくなる顔ぶれが揃っていた。

・石井章夫（元社会人日本代表監督／元東京ガス監督）
・小桧山雅仁（元横浜ベイスターズ）
・副島孔太（元オリックスなど）
・片倉透（元鷺宮製作所）
・瀧貴史（元NTT東日本）
・中村心（元かずさマジック）
・山内佑規（元東京ガス）
・石川良平（元ENEOS）

それぞれ本業を持っているために常時グラウンドに来ることは難しいが、月に数回、後輩のためにアドバイスを送る。現役生にとっては、学びや気づきを得ることができる貴重な時間となるはずだ。

医療の面からは、野球部のOBでもある山梨リハビリテーション病院の中澤良太院長が中心になってバックアップ。さらに逸材中学生の情報を共有する「情報収集担当」も設けられた。

現在はチームに所属しているために、リストに名前は入っていないが、桐蔭横浜大の齋藤博久監督や、ENEOSの大久保秀昭監督からもアドバイスをもらう機会がある。今年の入試期間中に、ENEOSのグラウンドを借りて練習したときには、キャッチボールで相手の送球を呼ぶ姿勢から指導が入ったという。

「どこを大事に指導されているのか、自分自身が勉強になることばかりです」

ただ、『船頭多くして船山に上る』ということわざがあるように、指導する人が増えれば増えるほど、選手が何を選べばいいのか迷ってしまうことも予想される。これに関しては、片桐監督も十分に理解していて、そのうえで複数のOBを招いた。

「どのOBの方も、指導の引き出しをいくつも持たれています。当然、技術指導の中で、違う教え方や伝え方が出てくると思います。でも、ぼく自身はそれがすごく大事だと思っていて、引き出しを増やしながら、自分に合ったものを選択してほしい。それが、取捨選択する力、考える力につながっていく。今のうちから、考えるための材料を提供しておきたいと思っています」

大学やプロに行くと、期待されている選手ほど、指導者やOBが寄ってきて、さまざまなアドバイスをもらう機会が増える。素直に聞くことも必要だが、1から10まですべてを受け入れて、自分の良さが消えてしまう選手もいる。

「結局のところ、技術を伸ばすのは、最後は自分(選手)次第。どれだけ良いことを教わったとしても、継続してやるかどうかを決めるのは自分ですからね。今はまだ理解ができないことでも、大学に行ったときに、『そういえば副島さんからこんなことを教わったな』と引き出しを開けるときがくるかもしれません」

上のレベルで活躍したOBが多数いる桐蔭学園ならではの強みを、最大限に生かしていく。

ポテンシャルを発揮できなかった高校3年間

1973生まれ、今年で51歳になる片桐監督。大リーグで活躍したイチローや、慶應義塾高の森林貴彦監督と同じ学年になる。「〝イチロー世代〟ですね」と話を振ると、「いや、そこは〝髙木大成世代〟と言ってほしいですね」とにこやかに笑った。

慶應義塾大や西武で活躍した髙木大成とは、八王子シニア時代からのチームメイトで、一緒に桐蔭学園の門を叩いた。

「小学5年生の夏に、志村さんがエースで甲子園に出場していました。テレビで見た桐蔭学園のユニホームとプレースタイルがカッコよくて、もう憧れでしたね。TOINのOの上に傍線があって、あの字を見るだけで、〝ゾワッ〟としました」

1年春からスタメンの座を掴んだが、その後はケガもあり、3年時はベンチスタートが増えた。3回戦まで勝ち進んだ夏の甲子園は、背番号5を着けながらも1試合も出場できずに終わった。

「もどかしい3年間でした。土屋監督（土屋恵三郎／星槎国際湘南監督）が期待する役割と、自分がやりたいプレーにずっとギャップを感じていて、『なぜ？』と思うことが何度もありました。監督は右打ちやバントを求めるけど、自分は強く引っ張って打ちたい。シニアのときにそのスタイルでやっていたため、そこから抜け出せなかったんです。基礎基本を疎かにして、能力に任せたプレーをしていた。試合で結果を出したいので、練習はよくやっていたほうだと思います。ティーバッティングやノックの量でほかの選手には負けていない。でも、この考えは合っているようで間違っているんですよね。監督がどんな選手を求めているのかを考えずに、練習をしていますから」

指導する立場になったとき、自身の未熟さや甘さに気づくことができたという。

大人になった今、高校時代の自分にはどんな言葉をかけたいか。

「周りに比べて、ポテンシャルが劣っていたわけではないと思います。どんな役割を持って、チームの勝利に貢献すればいいか。その視点に欠けていた。当時は、〝逆方向に打つこと＝個性を殺している〟と思い込んでいたんですが、実際はそうではないんですよね。勝利のためにプレーの幅を広げていくことで、チームに必要な選手になっていける。それが、選手としての可能性を広げ、個性を作ることにもつながっていく。ぼくみたいに自分のことばかり考えている選手は、監督も使いにくかったと思います」

教員の道を考えて、卒業後は日本体育大に進学。環境が変わったことで、野球に対する考え方を180度変えることができた。

「高校でうまくいかなかったので、大学では思い切って真逆のことをやってみようと。ウエイトトレーニング、ダッシュ、食事、スタンドティー、形を変えたティーバッティングなど、先輩たちの姿を手本にしながら、いろんなことに取り組んでみました。高校時代は野球のことだけ考えていたんですけど、オフも大事にして、オンとオフをはっきりとわける。高校時代のチームメイトには『真面目』と思われることがありますが、大学からのチームメイトにはまったく逆のタイプに思われることもあるほどです」

高校時代は内野手にこだわりを持っていたが、外野陣にケガ人が続出したことで、監督から「片桐、外野できるか?」と声をかけられた。高校では守ったことがなければ、興味もなかったが、「やってみます!」とすぐに返事をした。

「難しかったですよ。でも、初めてのことなので面白い。守備がうまい先輩の真似をして、どんどん上達していく楽しさがありました」

4年秋には、外野手でベストナインを受賞した。かつての自分には考えられないことだった。

高校時代から、「チームの役に立つことは何か」という視点を持っていれば、もっと違う選手になっていたかもしれない。ただ、苦しい高校時代を過ごしたからこそ、指導者になった今、生きていることがある。

「レギュラーの気持ちがわかれば、試合に出られない選手の気持ちもわかる。ずっと試合に出ていたら、メンバー外の気持ちまではわからなかったと思います。選手には、自分の経験を例に出して、『能力だけでやろうとする、〝ちょっといい選手〟が一番難しいんだよ』とよく話しています」

「何で、監督はおれのことを使ってくれないんだ」「おれなら打てる自信があるのに」と思うのであれば、「チームが勝つために何ができるか」を第一に考える。その思考があれば、どのカテゴリーに進んでも、存在価値の高い選手になっていく。

やり方を180度変えようとした監督1期目

大学野球での活躍もあり、複数の社会人から「ぜひうちで」と声がかかった。この頃、心にあった目標は「日の丸を着けて、オリンピックでプレーする」。その原点と言えるのが父親の存在だった。

「父は、リッカーという実業団に所属する陸上選手でした。400メートルハードルや十種競技をやっていて、日本代表に選ばれたこともあります。家には日の丸が着いた父のユニホームがあったりして、日本代表への憧れが自然に強くなっていました。東京五輪（1964年）の最終選考で負けたところで、リッカーを辞めて、東京の攻玉社高校の教員になっています。父の姿をずっと見ていたので、自分もいずれは教員になりたいと思うようになっていました」

八王子シニアの3年時には日本代表に選ばれて、日の丸のユニホームに袖を通している。その喜びは格別なものがあり、いつかは日本代表としてオリンピックに出たい。社会人野球に進むことでその可能性が広がるのは間違いなかった。

それでも、最終的には社会人入りを断り、桐蔭学園の教員・野球部コーチとしての道を歩むことを決めた。

「土屋監督からは、大学3年生の夏ぐらいから、『指導者として戻ってきなさい』と嬉しい言葉をいただいていました。4年生のときにも声をかけていただいて。悩んだすえに、教員の道を選びました。当時は志願者が多く、教師になりたくてもなれない時代で、今このタイミングで断ったら、今後教員になれるチャンスはないかもしれないと思ったんです」

目の前の社会人野球よりも、長く野球に携われる指導者の道を選んだ。

大卒1年目の1996年にコーチに就任。土屋監督の厳しくも愛情溢れる指導で、コーチとしての在り方を叩きこまれた。

「正直、きついこともたくさんありました。選手たちの前で、『お前が甘いからダメなんだ！』と怒鳴り散らされたことも何度もありますし、辞めようと思ったことも何度もあります。でも、結果的にはずっと続けてきたから、今がある。ここまでの人生でたいして自慢できることはないですけど、ひとつあるとしたら、指導者をずっと続けてきたことだと思っています」

監督の座が回ってきたのは、2007年秋のこと。桐蔭学園グラウンドで行われた県大会3回戦で、佐相眞澄監督（県相模原）率いる川崎北に1対10で敗れる大きな1敗があった。甲子園から遠ざかっている背景もあり、大会後に土屋監督の退任が決まり、後任に就いたのが片桐監督だった。

当時は34歳。私学の監督としては、若い部類に入る。

「自分の指導で野球部を変えていきたい」

若さゆえの野心を持っていた。結果が出ていなかったからこそ、チームを変えるチャンス。

ただ、2008年夏の北神奈川大会は4回戦で川崎工科、秋は準々決勝で綾瀬と、県立高校に連敗。2009年春の3回戦で横浜に7対11と打ち負けたあと、再び土屋監督が指揮官に復帰することになった。夏は船本一樹や田畑秀也らの活躍で決勝まで勝ち進むも、横浜隼人にサヨナラ負けを喫して準優勝。片桐監督は部長の肩書きでベンチに入っていた。

監督を離れてから、思うことがあった。

「監督になったときは、チームを180度変えようと思っていました。選手自身に任せる部分を増やして、配球も彼らに任せる。簡単にバントをせずに、エンドランや盗塁で仕掛けていく。色を変えただけで、周りからの評価が上がっていくため、そこに気持ち良さを感じていました」

だが、肝心なところが抜け落ちていた。それは、「勝つために戦う」という視点だ。

「チームを変えることが先にあり、その取り組みが勝ちにつながっていたかどうか……。甲子園に行けなかったことを考えると、もっと違うやり方があったはずです。勝つことが一番の目的と考えれば、あえて残すべきこともあったと思います」

さらにもうひとつ。大事な視点が欠けていた。

「チームを変えることはたしかに大事だと思います。でも、そこには〝選手とともに〟という言葉が必要になる。選手たち自身が『変える必要がある』『変わりたい！』という覚悟を持っているのかどうか。そこを客観的に見なければいけなかったと思います」

「新監督あるある」と書くと怒られるかもしれないが、多くの新監督が前任者と違う取り組みをする傾向がある。選手の立場からすると、練習メニューがひとつ変わるだけでも、新鮮さを感じるところだろう。

指導方針を変えることが、〝選手とともに〟勝利に向かっているのかどうか。監督を経験したからこそ、身を持って学べたことだった。

「練習でやってきたことを出し切る」を重視した監督2期目

復帰した土屋監督は２０１３年夏をもって勇退。エース左腕・齊藤大将（西武）を擁して春の大会を制するも、夏は準決勝で平塚学園に1点差で敗れた。

後任には桐蔭学園中の軟式野球部を日本一に導いた実績を持つＯＢの大川和正監督が就いた。しかし、大川監督も甲子園には導けず、２０１７年夏は3回戦で大師、秋も3回戦で弥栄に敗れた。

ここで、学校から再登板を命じられたのが片桐監督だった。10年間で、土屋監督から片桐監督、土屋監督、大川監督、そして片桐監督とバトンが渡ってきた。一般的に考えれば、監督が頻繁に代わる私学で強いチームはほとんどない。当時の桐蔭学園は、このループにはまり込んでいたように見える。

2期目の就任は44歳のとき。これがラストチャンスであることは、自分自身が一番わかっていた。秋から冬にかけて、練習量を増やし、勝利のために選手を鍛え上げていった。だが、すぐに結果が出るほど、神奈川は甘くはない。復帰して最初の公式戦となる春の2回戦で、川崎北に4対5で敗れた。学校としては、前年夏から県立に3連敗。かつての桐蔭学園の強さを知るものにとっては、信じられない結果と言える。

「2期目でもっとも覚えているのが、最初の川崎北との試合です。練習量を増やして、部内のルールなども改善して、桐蔭学園の〝あるべき姿に戻そう〟と、選手と目線を合わせながら、冬を過ごしてきました。1期目のように監督だけが突っ走らないように、選手に寄り添って、取り組んできた自負はありました。すべては勝つためにやっていること。それなのに、初戦で川崎北に負け。正直、これで勝てないのかと。自分の中で行き詰まりを感じる結果でした」

敗戦後、悶々とした日々を送る中、桐蔭学園の柔道部の監督（当時）から声をかけられた。

「勝ちたい、勝たなければいけないと思いすぎていないか？　それよりも、練習の成果を発揮すると考えたほうがいいんじゃないか？　せっかく練習をしてきているんだから、練習の成果を出せずに負けたらもったいないだろう」

この言葉を聞いて、モヤモヤしていた胸のつかえが取れたという。

「勝ちたい」と思う気持ちが必要なのは間違いないが、それはグラウンドにいる誰もが持っていること。それよりも、練習の成果を出すことに集中したほうが、やるべきことが明確になる。

「その話を聞いてから、『練習＝試合』と考えられるようになりました」

迎えた夏の北神奈川大会では、のちに慶應義塾大の主軸として三冠王を獲得する栗林泰三（ＪＲ東日本）や、2年生の森敬斗（ＤｅＮＡ）に引っ張られた打線の力でベスト8まで勝ち進んだ。準々決勝では、優勝した慶應義塾に4対6で競り負けたが、「やってきたことは間違いではない」と思える手応えを得た。

森が主将に就いた新チームは、県大会初戦で法政二を2点差の接戦で下すと、以降は横浜商大、向上、光明相模原、厚木北とすべて5点差以上の快勝で、9年ぶりの秋季関東大会出場を決めた。

県大会でひとつずつ勝ち上がるごとに、関東大会が近づいてきたが、片桐監督から「甲子園」「センバツ」という言葉は一度も聞かれなかった。取材中、口癖のように答えていたのが、「練習でやってきたことを発揮するだけです」。春に川崎北に敗れて以降、この信念を貫き通していた。

関東大会の初戦は、優勝候補にも挙がっていた常総学院。2対5で迎えた最終回、二死からつないで満塁とすると、相手のエラーで1点を返して3対5。長打が出れば逆転のチャンスで、打席にはチームでもっとも信頼されている森。1ストライクからの甘いストレートを迷いなく振り切ると、打球は見事な放物線を描き、ライトへの逆転サヨナラ満塁本塁打となった。桐蔭学園の野球部史に残る劇的な逆転勝利だった。

この1本で流れに乗ると、佐野日大、習志野、春日部共栄を下して、じつに24年ぶりに秋の関東王者に輝いた。

閉会式後、片桐監督の言葉が秋の戦いを端的に表していた。

「ひとつひとつ、一戦一戦積み上げてきた結果。ここまで来られるとは、考えてもいませんでした。『甲子園』という言葉を出したことすらありませんでした」

再登板1年で、チームを16年ぶりのセンバツ甲子園に導いた。

センバツでは、初戦で二枚看板を擁する啓新と対戦。0対3のビハインドで迎えた2回裏、1点を返してなおも二死満塁で森に打席が回ってきた。ベンチの誰もが前年秋の常総学院戦を思い起こしていた。

「甲子園でもこういう場面で、森に回ってくるんだなと。たしか2球目に、いい当たりのファウルがありました。ベンチから見ていると、投球のライン、スイングのラインが完璧に合っていたんですけどね。あのファウルは今でもよく覚えています」

追い込まれたあと、外のボール球のストレートに中途半端に手を出し、3球三振に。4打席立った中、アウトはこの三振だけだった。

「秋からはもう時間が経っていて、森も同じように打てるわけではない。三振に終わったときに、『簡単じゃないんだな……』と感じました」

その後、春の県大会では3回戦（初戦）で向上、さらに夏も4回戦で向上に敗れ、春夏連続出場はならなかった。これ以降、甲子園の土は踏めていない。2021年夏には初戦で慶應義塾に競り負け、学校として38年ぶりの初戦敗退を経験した。2022年は春の準々決勝で東海大相模に打ち勝ち、春季関東大会に出場したが、夏は4回戦で再び慶應義塾に敗れた。

「勝負の1球」をいかに制するか

片桐監督が目指す野球とは、どのようなスタイルか。

「硬い守りが桐蔭の野球だと思っている人もいれば、大成や孔太がいたときのようにガンガン打つのが桐蔭の野球だと思っている人もいます。私が目指しているのは、すごく一般的な表現になってしまいますが、『負けない野球』であり、『負けづらい野球』。守備と走塁がしっかりしているのは絶対条件として、〝勝負の1球〟をどちらが制することができるか。高校野球は、ドラフト候補が何人いたとしても、技術的にも精神的にも未熟な中での勝負なので、能力差が8対2であっても接戦になることがあります。その中で攻撃にしても守備にしても、必ず〝勝負の1球〟があるものです」

2018年秋の常総学院戦で、森が放った逆転満塁ホームランはまさに勝負の1球を制したもの。

センバツで迎えた満塁のチャンスは、「勝負の1球を逃した」とも考えることができる。

今年3月には、前年秋に関東大会に出場した花咲徳栄との練習試合が行われた。2対2の同点で迎えた最終回、表のチャンスで二死からタイムリーが出た花咲徳栄に対して、その裏に同じようにチャンスを作るが1本が出なかった。抑えられなかったピッチャーと、打てなかったバッター。日頃の練習から、この1球を想定しながら取り組んできたかどうか。夏の大会となれば、練習試合とは比べ物にならないプレッシャーもかかる。

「結果は1点差。この1点差を逆にしなければ、大会でも勝てない。『俺は悔しい。今日はめちゃくちゃ悔しい』と、選手たちに伝えました」

どうすれば、勝負の1球を制することができるのか。練習が重要であることは言うまでもないが、「ここだぞ！」とチーム全員で思えることと同時に、「自信」が大事だと考えている。

「『来たよ、この1球だよ』とわかるかどうか。たとえ序盤にどれだけ打たれても、粘って耐えていれば、どこかで流れを変えることができる1球があるものです。あとは、自信ですよね。負けるわけがないという自信をどれだけ持ってプレーできているか。自分が高校3年生のときは、周りにすごい選手がいたこともあって、負ける気はまったくしていませんでした。取材も多かったので、夏の大会も『おれたちが主役なんだ』という気持ちがありました。今の選手たちは、中学時代に日本代表に入ったような実績を持つ選手も少ないので、根底のところでなかなか自信が持てない。ここを変えていかなければ、勝負ができない。それもあって冬から、メンタルトレーニングを導入するようになりました」

2023年12月から、スポーツ心理学を専門にする國學院大の伊藤英之准教授にお願いをして、メンタル面のサポートを受けるようになった。監督1期目を含めて、もちろん初めての試みとなる。

「『勝負強くならなければ勝てないよ』という話をさまざまな形で伝えてはいます。それでも、心理学の専門家から理論的に教えてもらうと、また違う角度から学びを得ることができるはずです。今は月に1～2度、講義を受けていますが、選手によって理解度はさまざまだと思います。自分なりに、引き出しに入れてくれればいい。さきほどのOBの技術指導と同じですが、監督としていろんな情報や環境を提供するので、それをもとに自分自身で考えて、野球に生かしてほしいと思っています」

今までと同じことをやっていても、結果は変わらない。チームのためになることを積極的に取り入れ、改革を図っている。

なお、時代の流れを受けて、2023年から「髪型自由」（校則の範囲内）とした。学校側からの提案もあり、丸刈りをやめることになった。グラウンドに髪が伸びている選手がいるだけで、「桐蔭横浜大の選手？」と思ってしまうから不思議だ。大人に見える。

現状では、丸刈りを好む選手もいて、部員の4分の1ほどは短髪だ。ほぼ全部員が寮に住んでいるため、バリカンひとつで整えることができる丸刈りのほうが手間はかからないだろう。

「ぼくが高校生のときにもスポーツ刈りの時期があったので、髪型へのこだわりはあまりありません。『髪型自由』とすることで、自分で考えて自己管理できるようになるのが理想ですね」

周りが憧れる桐蔭学園をもう一度

2023年夏、森林監督が率いる慶應義塾が日本一を勝ち取った。慶應義塾とはなぜかよく当たり、2期目の就任以降5度の対戦がある。夏は3度対戦しているが、まだ一度も勝っていない。

「危機感はあります。それは、今回の慶應だけでなく、東海大相模や横浜が日本一になったときにも感じました。経験値としては非常に羨ましく、夏の甲子園でなければ感じられないことをほかの学校は経験している。ただその一方で、高校野球は夏が終わったところで、一旦リセットされるとも思っています。選手が入れ替わることで、チームも変わっていくものです」

夏は1999年を最後に甲子園から遠ざかる。焦りのようなものは感じているのだろうか。

「どうでしょうか。もう少し前のほうが、焦りはあったかもしれません。今は戦う体制が整ってきています」

中学生のリクルートの体制も見直し、今まで以上に力を入れる予定だ。横浜や東海大相模と比べると、近年は差を付けられていた。

「このグラウンドでの練習が一番大事なのは間違いありませんが、夏の神奈川を勝つと考えたときにはスカウティングも大事になってきます。そこはキレイごとではなく、強いチームを作るうえで絶対に必要なことです」

ここもOBの力を最大限に借りながら、強化に着手していく。

とはいえ、中学生への最大のアピールは「甲子園出場」に他ならない。最近の中学生は、学校名ではなく、近年の実績を重視する傾向が強い。神奈川で勝ち、甲子園で躍動する桐蔭学園が戻ってくれば、有望選手の進路の流れもおのずと変わっていくだろう。

今年のチームは、層の厚い投手陣が武器になる。

140キロを超えるストレートが魅力の右腕・熊ノ郷翔斗、左腕・須田健太に、実戦派の中村流彗、アンダースローから独特の軌道が武器の杉本早由貴ら、特徴を持ったピッチャーが揃う。

「『ゾーン（ストライクゾーン）で勝負しなさい』と言い続けています。『ゾーンに強い球を投げる！』という明確な意思があれば、勝負所で迷うことがなくなっていく。結果はそのあとに付いてくることです」

バッティングは、2021年秋の準々決勝で桐光学園・針谷隼和（法政大）の高めストレートに力負けしたところから、考え方を変えている。それまでは、後ろの肩を下げ、振り上げるような打ち方であっても、「ひとつの個性」として捉えていたが、高めのストレートにどうしても差し込まれる。そこを狙って攻めてくるバッテリーも増えた。

「今は動作解析の専門家のサポートを受けながら、映像から正しいスイング軌道を学び、指導に生かしているところです。バットが低反発になることで、今までのようにバットの力を借りての長打は間違いなく減る。今まで以上にバッティング技術が問われてくるはずです」

動作解析を取り入れていることも、ひとつの改革と言えるだろう。

片桐監督のその目に、甲子園はどのように見えているだろうか。

「見えていますよ、近いところに。かっこつけるわけではありませんが、任せていただけるのなら、

『桐蔭学園、面白くなってきたね』と思ってもらえるところに持っていける自信はあります」

小学5年生のときに、自身が憧れを抱いた桐蔭学園の野球。今は、「桐蔭学園＝ラグビー」のイメージが強くなり、「桐蔭＝大阪桐蔭」の時代になっている。

再び、周りが憧れる桐蔭学園へ。さまざまな改革を積極的に進め、強い桐蔭学園をもう一度取り戻す。

CHAPTER
10

立花学園

志賀正啓

監督

「革命前夜」が一番面白い
探し続ける、
自分たちならではの
甲子園登頂ルート

2017年に就任してから、夏のベスト8が3度と、準々決勝の壁に跳ね返されていた立花学園・志賀正啓監督。2022年夏、ついにそのカベを破り、創部初のベスト4進出を遂げた。だが、横浜に1対11と力でねじ伏せられ、頂点を獲ることの難しさを肌で実感した。2023年夏は5回戦で舞岡にサヨナラ負け。これまでの取り組みを今一度整理し、『革命』を起こす準備を整えている。

	秋		春		夏	
2020	県	ベスト8	中止		県	ベスト8
2021	県	3回戦	県	3回戦	県	5回戦
2022	県	2回戦	県	ベスト8	県	ベスト4
2023	県	3回戦	県	ベスト8	県	4回戦
2024	県	2回戦				

県＝県大会
秋春夏を1シーズンと考えて、秋のシーズンは翌年に入れています

PROFILE

志賀正啓（しが・まさひろ）

1986年11月19日生まれ、神奈川県相模原市出身。明大中野八王子─明治大。現役時代は左投手として活躍。大学卒業後、日体大荏原で助監督・部長を務めたのち、2017年に立花学園の監督に就任。これまで春夏秋の3大会で、ベスト8が5度（独自大会含む）。2022年夏に準々決勝を突破し、初のベスト4進出。私学の監督には珍しく、担当教科は理科。映画『マトリックス』をこよなく愛す。

ベスト4に進んだからこそ見えた横浜との力の差

２０２２年7月25日、夏の神奈川大会で初めて準決勝に臨んだ立花学園は、横浜の攻撃力の前に屈し、1対11の6回コールド負けを喫した。甲子園まであと2勝。仮に準決勝で勝った場合、決勝では東海大相模が待ち構えていた。

「そこまで上がらないと見えない景色があるんだと、実感しました。憧れているだけでは、道は切り拓かれない。ベスト４の景色を見せてくれた選手には、『ありがとう』という気持ちでいっぱいです」

１９８６年生まれで、今年11月で38歳を迎える志賀監督。明大中野八王子、明治大ではピッチャーを務め、日体大荏原で助監督・部長を務めたのち、２０１７年に立花学園の監督に就任した。２０１７年、２０１８年、２０２０年（独自大会）と、夏の準々決勝の壁に跳ね返されていたが、２０２２年に４度目のチャレンジでベスト４入りを果たした。しかし、その壁はさらに高く、力で跳ね返された。

その目には、どんな景色が見えたのか——。

「まずは、ベスト４に上がることが大変。選手はアドレナリンが出ていたから気がつきにくかったかもしれませんが、私は大きな疲労感がありました。ここから勝ち上がるには〝運〟や〝勢い〟だけでは無理。より一層、横浜との差を感じました。なぜ、神奈川でこれだけ、横浜や東海大相模が勝ち続けているかと考えると、圧倒的な野球の力があるから。そこで勝負できなければ、甲子園は近づいてきません」

2回戦で橘を4対3で下すと、3回戦では上溝南と再試合の熱戦を制し、4回戦、5回戦、準々決勝はすべて3対2のスコアで勝利。体力的にも精神的にも、しんどい試合が続いた。

「横浜スタジアムの舞台で、横浜と戦わせてもらうと、スタンドからの圧力を感じます。圧倒的に、横浜を応援する観客が多い。太鼓の音がもう規格外で、グラウンドに響く。あれで、雰囲気を持っていかれてしまうんです。それに、うちがどうやって対抗していくか」

スタンドを味方に付けるために、吹奏楽部の協力を得て、作曲家・ドヴォルザークの『新世界より』や『Sing, Sing, Sing』を応援歌に使い、オリジナル性を求めた。

「ほかの高校がやっていないことをやる。『新世界より』は甲子園でうちが最初にやりたかったんですけど、その年の夏に國學院栃木が演奏していたんですよね。悔しかったです」

2019年1月からTwitter（現X）を始め、野球部の活動を積極的に外に発信。インスタグラムやブログ、女子マネージャーが担当するstand.fm（音声配信）にも力を入れ、インターネット界で「立花学園」の名は広く知れ渡るようになった。これも、戦略のひとつだ。

「高校野球界の中で知名度がないのはわかっています。その中で、SNSを使って、ひとりでも多くの人に、『面白いことをやっている野球部があるね』と広めていきたい。そういう人たちが、甲子園がかかったときに、私たちのことを応援してくれたら、大きな力になります。野球でも応援でも、横浜や相模と互角に勝負できるところまで持っていかないと、神奈川は勝てない。監督を7年間やらせてもらって、『横浜や相模に勝つには、これぐらいの力が必要』というのは、自分の中で見えていう。

「ベスト４に勝ち上がる過程で、大学４年時に富士山に初めて登ったときの苦しさを思い出したときています」

「人生で一度も日本一を経験していないことがイヤで、大学４年生のときに初めて富士山に登りました。無理やりでもいいので、日本一を目指そうと思って。頂上が近づくほど空気が薄くなり、断崖絶壁になっていく。８合目からは本当にきつかったです。もしかしたら、準々決勝で勝ったところが８合目を登ったあたりなのかなと。面白いのは、６合目あたりで雲海がかかり、下界が見えなくなることです。もう、あと戻りはできない。日々の悩みが、とても小さなものに感じました。聞いた話によると、富士山の登山ルートは４つあるそうです。トーナメントも、横浜や東海大相模、あるいは慶應義塾とは違うルートで登るからこそ面白い。同じやり方では勝てませんから」

就任してからの数年は、相洋、平塚学園、向上など神奈川西部の私立をライバル視していたこともあったが、「そんな狭いところじゃなくて、神奈川で勝つことを考えなきゃダメだよ」と、相洋の高橋伸明監督から言われ、甲子園を本気で考えるようになった。

２０２０年秋の3回戦で、翌春のセンバツを制す東海大相模に4対13で敗れたときには、「相模のようにスピーディーでアグレッシブな野球をやらなければ、神奈川は勝てない！」と感化され、志賀監督自身がガツガツさを全面に押し出し、練習の雰囲気をガラッと変えたことがあった。しかし、練習試合で負けが続き、うまくは回らなかった。

「何かのタイミングで、八木先生（平塚学園・八木崇文監督）から電話がかかってきて、『それは相模に負けたあとに、多くの監督が陥ること。志賀くんらしさを出したほうがいいよ』と言われて、すぐにやめました。門馬さん（創志学園・門馬敬治監督）の真似はできないですからね」

立花学園ならではの色をどのように出していくか。甲子園への登頂ルートを、模索しながら探す日々が続く。

目標体重をクリアできない選手は試合出場不可

2023年夏、神奈川で東海大相模と横浜を連破し、甲子園の頂点にたどり着いたのが慶應義塾だった。公式戦で慶應義塾と戦った経験はないが、昨夏の日本一に大きな刺激を受けている。

「いろいろな勝因があると思いますが、昨年の慶應はベンチ入りメンバーの平均体重が甲子園でもトップクラスでした。76キロ台で、出場校の中では三番目に重い。フィジカルトレーニングなどで、体作りに力を入れている成果だと感じます。この春から新基準バットに変わることで、今までよりもさらに体重がなければ勝負できないステージに入ると思っています」

昨秋の大会が終わったあとに、毎年のように練習試合をしている共栄学園の原田健輔監督から、体作りに関する考え方を聞くことができた。共栄学園は週3日のウエイトトレーニングでフィジカル強化に取り組み、昨夏には東東京大会を初めて制して、高校野球関係者を驚かせた。

「原田さんが話していたのは、『身長×0．4＜体重、もしくは身長−100＜体重でなければ、メンバーには入れない。それを明示してから、ご飯を食べるようになり、チームの雰囲気が明るくなり、帝京や二松学舎を見ても体格で劣っていないので、びびらない。ベンチが明るいから、負けていても逆転できる雰囲気があった』ということでした。そこからですね、うちも体重にこだわってみようと。毎日、体重を測定しています。いきなり0．4ではハードルが高いので、2年生であれば『身長×0．38』、1年生は『身長×0．36』を目標値に設定しています。秋の大会後は、『この数字を超えていない選手は、オープン戦に出場できない』というルールにしました」

仮に175センチであれば、66．5キロになる。決して、難しい数字ではない。

「それまでも、『ご飯を食べて体重を増やしなさい』とは言っていたのですが、なかなか数字が上がってきませんでした。時期的な問題もあるかもしれませんが、目標数値の設定後は、10月、11月の2カ月で平均7キロほど体重が増えています。補食で炭水化物やたんぱく質をこまめに摂ることは勧めていますが、私のほうから『絶対に食べなさい』という言い方はしていません。どんなやり方でもいいので、数値をクリアすればいい。冷たい言い方に聞こえるかもしれませんが、『方法論は自由にする分、結果は厳しく求めるよ。試合に出たければ、自分たちで結果を出してね』というスタイルです」

これは、「社会に出たときに必要な考え」と伝えており、「仕事でどんなに頑張っても、数字を出さなければ評価はされない。高校野球を通して、成果を出す方法を学んでほしい」と語る。

目標数値は段階的に上げていき、春には「身長×0．4」か「身長－100」にする予定だ。

「キャプテンの小長谷（瑠偉）からは、『身長×0．41でもいいと思います』という意見も上がってきていて、体重に対する意識はかなり上がってきています。Inbodyでの体組成の測定も取り入れて、体重を増やしたあとは、徐脂肪体重の数値も求めていく予定です」

2024年の年明けには、『監督からの挑戦状―3月までにこれを超えてみろ！―』として、10個の具体的な目標数値を掲げた。

一、骨格筋率「50％」以上（骨格筋量÷体重×100）
二、基準体重（身長－100 or 身長×0．4）
三、股割「3」以上（頭が地面に着く）
四、打球速度「150キロ」以上
五、スイングスピード「120キロ」以上
六、プルダウン「150キロ」以上
七、30メートル走「4秒」以下
八、ローテーションベンチプレス（体重×1×10回）
九、デッドリフト（体重×1．5×10回）
十、フロントスクワット（体重×2×10回）

10個すべてを超えるのはかなり難しいそうだが、「ひとつでも多くクリアするために、チーム全体で前向きに取り組んでいる」と、その姿勢を称える。

「確率論」を語る以前に地力を上げていく

昨秋は2回戦で横浜に2対7で敗戦。夏のレギュラーからほぼ総入れ替えのチーム状況だったこと、そして新基準バットに変わることも、新しいチャレンジをするにはやりやすいタイミングとなった。

「バットが変わることで、小手先の野球は通用しなくなると思います。下位打線から、長打が偶然生まれるようなことは間違いなく少なくなります。うちではラプソードを使って、紅白戦のときからずっと打球速度を計測していますが、外野オーバーの長打を打つには150キロの打球速度が必要。従来のバットと比較すると、芯で捉えた打球でも、3〜4パーセントは打球速度が落ちている感覚があります。スイングの最大出力を上げる必要があると考えると、当然、体重も必要になってきます」

従来のバットより飛ばない……となれば、小技に走るチームも出てきそうだが、「その野球には限界があると思います」と持論を語る。

「第一シードを取る私学、つまりは横浜、相模、慶應、桐光学園などは、バットが変わっても長打を打ってくるはずです。そこに勝とうとしているのに、小さい野球をしてしまうと、もう太刀打ちができない。変わらずに長打が出るチームと、小技で何とかしようとするチームの二極化が進むと予想しています。結局、長打を防ぐために外野は深く守るので、ランナー二塁からのシングルヒットでもホームに戻ってこられるわけです。一方で長打がないとなれば、外野が前に来るので、ランナー二塁が得点圏ではなくなってしまいます」

昨秋の地区大会で、好投手・上川洋瑛がいる鶴嶺と対戦した際、10本以上のヒットを放つも、ランナー二塁からの本塁憤死が3つもあり、0対5で敗れた。「長打はない」と判断され、外野手が前に守っていたゆえの結果だった。

「『野球は確率のスポーツ』と言われますが、確率論以外のところの地力を上げていかないと、トーナメントを勝ち続けることはできないと思います。簡単に言えば、『距離』と『速さ』と『時間』をいかに突き詰めるか。バッテリー間と塁間が決まっていて、外野のフェンスまでの距離もおおよそ同じです。速い球を投げられて、速く走ることができて、速い打球を打てる選手のほうが、有利になるに決まっています。そのために、体重を増やし、トレーニングでフィジカルを強化する。それぞれの数字が上がっていけば、必然的に負ける確率は減っていくはずです」

当然、試合で勝つには、戦術や駆け引きも必要にはなってくる。ただし、最初からそこに重きを置きすぎると、そもそもの出力の違いで勝負にならない。土台となるエンジンの働きを最大限に高めることを、最後の夏の大会まで追い求める。

なお、「ラプソードを使って」とさらっと書いたが、立花学園が今使っているのは最新鋭の「ラプソード3．0」だ。投球の速度や回転数、回転軸はもちろんのこと、スイングスピードや打球角度、打球速度などを1台で計測することができる。

2019年2月に、日本で出始めたばかりの「ラプソード1．0」を手に入れ、当時は大きな話題を呼んだ。国内でまだ5台しかなかった時代だ。ラプソードを活用する学校は年々増えているが、「3．0」を使っているのはおそらく数校しかないだろう。ほかにも、他校に先駆けて使い始めたトレーニング器具やICT機器が多い。志賀監督の担当教科は理科（専門は生物学）で、数字やデータには強い。「科学的」と呼ばれるものには、人一倍の興味を持つ。

指導者間では、「志賀監督は新しいモノ好き」と言われることもあるが、最新機器を導入する理由は決してそれだけではない。

「私が大事にしている言葉が『巧遅は拙速に如かず』です。どれだけ時間をかけて、出来のいいものを仕上げたとしても、速さには勝てない。少々未完成でも速いほうがいい。速ければ、改善していく時間もあります。これは生徒によく言っていますが、『〝あの仕事どうなっている？〟と聞かれた時点でもう終わりだよ』。聞かれる前に、終わらせておかなければいけません」

最新機器をいち早く使うことによって、ほかの指導者よりも速く気づけることがいくつもある。新しいモノへの感度が高い志賀監督の元には、各メーカーからのモニター依頼や相談事も多く、そこでまた新たな学びを得ている。

ここ数年感じていた「文化の継承」の難しさ

ここまでの志賀監督の話を聞いて、少し違和感を覚えた。

過去に、２０２１年のドラフトで、ロッテから育成3位で指名された永島田輝斗という速球派右腕がいた。１年秋にキャッチャーからピッチャーに転向し、徹底したトレーニングを重ねた結果、3年時には最速１５０キロを突破した。この頃から、志賀監督は「フィジカル強化が大事」と体作りの重要性を口にしていた。そこから今に至るまで、フィジカル強化を継続していると思っていたので、意外な感じがしたのだ。

「ここ2、3年悩んでいたのが、『文化の継承』です。先輩がやってきたことを後輩に教え、伝えていくことが、すごく難しい。永島田の頃は彼ら自身でフィジカル強化に向かっていたのですが、それが1年、2年と経っていくと、少しずつ薄れていく。チームとしても、さまざまなフィジカルの測定をやってはいましたが、私自身が第一の優先順位をつけて、そこに向き合っていたかと考えると、そうではなかったと今は思います。ベスト4に進んだ2022年は、接戦をモノにするスタイルで、揺るぎないフィジカルや戦力で勝ったかとなるとそうではありません。やっぱり、『甲子園』と考えると、出力不足。スケールをもっと上げていかないと勝てないと、痛感しています」

準決勝の横浜戦では、先発の福岡大海（神奈川工科大）が6回途中で136球もの球数を要することになった。その原因のひとつが、空振りを奪えないこと。38人の打者に対して、三振はひとつ。ここまで投げてきた疲労もあったが、スピード、キレともに、横浜打線を上回れなかった。

なぜ、文化の継承は難しいのか。志賀監督は面白い例えで、解説してくれた。

「カルピスの原液が薄まっていくのと似ている気がします。私自身がカルピスの原液だとして、知識や方法を選手に伝えたとしても、選手から選手に伝わっていく中で原液が薄まっていく。うちのやり方は、監督からのトップダウンで『これをやりなさい！』ではなく、選手たちが主体的に取り組むことが多い。それがダメなわけではなく、原液が薄まっているのに気づくのが遅れた私の責任です。昨年の夏、舞岡に負けたことでようやく気づきました。選手にはよく、『賢者は歴史から学び、愚者は経験から学ぶ』と話しているのに、負けるまで気づけなかった。自分自身、ものすごく反省しています」

先輩が一定の成果を収めると、後輩は「先輩と同じことをやれば、同じような結果を得られる」と思いがちだ。それが良き伝統となることもあるが、すべてがうまく進むわけではない。

「無駄を愛せるかどうか。一見無駄だと思っていることでも、そこを追求しなければ、合理的な取り組みにはつながらない。先輩たちがうまくいっていると、どうしても最短のゴールを目指そうとしてしまうんです。『同じことをやっておけば、自分たちも大丈夫』と。でも、先輩たちは結果的に無駄だったことにもたくさん取り組んできた。そこがわかるかどうかですね」

年明けに提示した『監督からの挑戦状』は、方法論は一切問わない。富士山の登頂と同じで、どんなルートから登り詰めても構わない。志賀監督はもともとこのやり方だったが、新たに目標数値を示すことによって、成果への向き合い方を色濃くした。

「今の中学生、高校生を見ていると、ミスや失敗を恐れ、0から1への挑戦を怖がっているように感じます。世の中を見れば、外資系の企業が当たり前のように進出していて、円の価値も下がり、日本国内だけの戦いだけでは勝負できない時代になっています。上司から言われたことだけやっている人間が、はたして生き残れるのか。高校生の間に、新しいことにどんどんチャレンジして、0から1を作り出してほしいんです。そのためにも、無駄を愛してほしい。先輩たちと同じ取り組みで満足していたら、チーム力は上がっていきません」

「現状維持は衰退」という格言があるように、取り組みの姿勢も進化していかなければいけない。

己を知るための「ビノベーションレポート」を活用

志賀監督は可能な限り、新しい取り組みにチャレンジしている。

２０２１年４月から、「ビノベーションレポート」を導入し、自分の強みや弱みを客観的に捉える取り組みを始めた。「ビノベーション」とは、行動（Behavior）×変革（Innovation）を掛け合わせた造語であり、あらかじめ用意された140項目の質問に答えることで、生まれ持った資質を知ることができる。高校野球界でイチ早く取り入れたのが、立花学園だった。

当然のことながら、選手にはひとりひとりの特性があり、勝負がかかった打席で、「思い切って振ってこい！」と声をかけられたほうが力を発揮できる選手もいれば、「深呼吸。落ち着いて」と言われたほうがいい選手もいる。指導者の視点に立つと、誰がどんな特性を持っているのかを知ることで、試合で勝つ可能性が広まっていく。

「内向的か外交的か、繊細か鈍感か、周りを気にするか気にしないかなど、レポートを見るとさまざまなことがわかります。2021年の春に横浜と戦ったときには、先発を永島田にするか、小林爾（神奈川工科大）にするか迷っていました。永島田は〝動〟と〝静〟で考えると〝静〟のタイプで、自分が想定できることであればきっちりと役割を果たせる。一方の小林は〝動〟。ビノベーションの先生と相談したうえで、計算が立ちやすい永島田を先発に送り、後半に小林を使うプランを立てました」

結果は1対4で敗れたが、先発の永島田は序盤の3イニングを1失点に抑え、試合を作った。永島田にはバッターの分析を詳細に伝え、『この通りに投げ切れれば、試合は作れるから大丈夫だ』と送り出し、小林には『勝負どころはお前に任せた！』と背中を押した。

「〝静〟のタイプの選手に、『お前に任せた！』と言うと、重く受け止めてしまう傾向にあります。やるべきことを明確に伝えてあげたほうが力を発揮しやすいと言えます」

キャプテンや副キャプテンを考えるときにも、キャプテンが〝動〟であれば、サポートする副キャプテンは〝静〟のほうが、お互いに補い合える可能性がある。指導者の主観だけでなく、客観的な分析を参考にしながら、チームをマネジメントしている。

監督自身も、ビノベーションレポートを実践し、自己の特徴を分析する。

強みとして示されたのが、「外向」「率先」「進取」「野心」「情熱」「自信」で、自らが先頭に立ち、さまざまな人の懐に飛びこみ、他者の協力を得ながら改革を起こすタイプ。逆に、弱みとして見えたのが、「無警戒」「多考」「持続」「楽観」だった。

「良い悪いではなく、すべては裏表でつながっているものですよね。外向的な分、相手からすると、なれなれしいと思われているかもしれません。基本はポジティブですが、ネガティブ思考を持っておいたほうが、物事の判断が慎重になることもあります」

己を知り、他者を知り、それをどう生かしていくか。定期的に診断することで、変化が見える項目も多いという。

血糖値とパフォーマスの関係性を研究

「まったくの余談ですけど、私自身の体を使って、リアルタイムで血糖値を計測しているんですよ」

取材中、何とも興味深い話が飛び出てきた。

さすがは、「科学的なもの」にひときわ興味を示す志賀監督である。

「昨年12月に滋賀で開催された『日本野球学会』に、マネージャーや選手と一緒に行ってきました。

そこで、広島の武田高校や祇園北高校が、『血糖値とパフォーマンスとの関係性』を調べていると聞いて、興味を持ったのがきっかけです」

巧遅は拙速に如かず――。「面白い！」と感じたものは、すぐにやる。

早速、血糖値を測定するキットを購入し、自分の左腕に針を刺して装着した。

「血糖値が上がると細胞に栄養が行き渡り、筋肉がより動くようになって、パフォーマンスが発揮されやすくなります。アドレナリンともつながる話で、これをコントロールできたら、試合の大事な場面で力を出せるのではないか。どのタイミングで血糖値が上がるのか。面白いと思いませんか？」

たしかに、面白い。すぐに、食事との関連性が思い浮かんだ。

「計測初日に、どら焼きを食べたら、一気に１８０まで上がりました。よく言われていることですが、糖質の多い炭水化物を食べると、急激に上がる。そうなると血管に負荷がかかり、次に来るのは眠気です。そのために、『食事は野菜やたんぱく質から摂りましょう』という考えがあって、この間、サラダチキンを食べてから、パンを2個食べたら、１４７で収まりました。毎日、自分の体を使って、人体実験をしています」

ミーティングでこうした話をしたところ、興味のある選手が出てきて、測定キットをプレゼントしたそうだ。

ソフトバンクの和田毅も、２０２２年オフから血糖値を24時間管理するようになり、前日に炭水化物をたくさん摂ると、翌日の体調に影響が出ることがわかったという。たまたまであるが、志賀監督も和田も『FreeStyleリブレ』というキットを使っていた。

「血糖値が短時間に乱高下すると、感情が不安定になり、パフォーマンスに影響が出がちです。それを知らずに、『メンタルが弱い』の一言で片づけてしまったら、監督も選手もいい気持ちにならないですよね。科学的な知識があれば、お互いにイライラすることもなくなると思います」

もちろん、食事だけのことではない。メンタルトレーニングの一種に興奮や緊張をあえて高める「サイキングアップ」があるが、血糖値が低めの選手には効果があり、高めの選手は高くなりすぎる可能性もある。

「一般的には、交感神経が優位になるとアドレナリンが出やすく、副交感神経が優位になるとアドレナリンが出にくくなります。祇園北高校の研究によると、サウナに入ると、副交感神経が優位になり、血糖値が下がっていくらしいです。大事なのは自分の特性を知り、自分自身で血糖値をコントロールすること。登板前に気持ちが昂っているピッチャーであれば、ベンチに座って、頭にタオルをかぶって、じっと集中力を高めるほうがパフォーマンスを発揮できるかもしれません」

まだ実験の段階ではあるが、日々新たな発見があり、志賀監督の思考を大いに刺激している。

「革命前夜」のワクワク感が勝負のカギ

チームスローガンは『革命』。

志賀監督が選手に言い続けているのは、「革命前夜が一番面白い」だ。

「日々、ワクワクした気持ちで練習ができているか。そのワクワクは、まだ見ぬ自分の力や世界に対してのもの。自分はまだまだ成長できると思ったら、楽しいですよね」

指導者からのトップダウンで、目標も方法論も決められた枠の中で活動していたら、ワクワクした気持ちなど生まれないだろう。

「私は、映画の『マトリックス』が大好きで、もう数えきれないぐらい観ています。家族も『何回観るの?』と呆れるぐらいで、台詞もほぼ完ぺきに覚えています。『マトリックス』はSF、アクション映画というよりは、登場人物の心理や格言みたいなものが随所に散らばっていて、人生の教訓として学んでいます」

私も映画を観た記憶があるが、細かいところまでは覚えていない……。取材後に改めて観たうえで、志賀監督に「影響を受けたところを具体的に教えてください」と連絡すると、〝マトリックス愛〟を深く感じるメールが届いた。

「主人公のネオ(キアヌ・リーブス)が赤と青の2つのカプセルのうち、『苦痛の少ない今まで通りの平穏な日々』と『苦痛を伴うが自分の知らない世界を見ることができる』のどちらかを選ぶ決断をします。自分自身も常に選択を迫られますし、選手もプレーの中で選択を迫られます。何かを得ようとすることは、何かを捨てていることと同義なので、とても共感します」

「マトリックス内のプログラムで、ビルからビルに飛び移ろうとするシーンがあります。自分ができないと思ったことはできない。映画中に『心を解き放て!』という言葉が何度も出てきますが、これはうちの選手にもっとも大切なことだと考えています。〝メンタルブロック〟を壊すことが、立花学園の上位進出に必須だと考えています」

「第二弾の『マトリックス　リローデッド』で食事のシーンがあります。『美味しい』は、食べることで食べ物の物質を舌が受容し、そこから生まれる信号によって脳内で化学物質が分泌され、脳が快感と認識します。それによって美味しいと感じます。つまり、われわれはプログラムされた世界でそのプログラムにしたがって、感情を生んでいるにすぎないとも考えられます。プログラムの多くには規則があり、それが解明されていくと、法則に従うことで未来を理想に近づけて進めることができるかもしれません。

野球も因数分解していくと、勝てる理由と勝てない理由が明確になり、やるべきことが決まってきます。野球という複雑な式の一部を因数分解できた瞬間が楽しいです。ただ、実際は予想のつかないことの連続です。それでもひとつひとつが、プログラムにしたがって、感情が動いていると考えるとイライラすることは減ります」

「第三弾の『マトリックス　レボリューションズ』の決戦前夜は、まさに『革命前夜』のイメージです。戦いに挑むときには、抑圧された世界から解放されるというワクワク感と、明日死ぬかもしれないという恐怖が入り混じる。そのときに、『おれたちはいける、やれる！』と思える人間が多いほうが勝つと思います。横浜や東海大相模と戦うときにも、負けて高校野球が終わるかもしれない恐怖を受け止めながら、『いや、自分たちがやってきたことを信じようぜ！』となれるかどうか」

ここまで、『マトリックス』を熱く語る監督とは初めて出会った……！

「人間って、革命を起こしているときが一番楽しいですよね。ある程度の達成感が生まれると、右肩上がりに進んでいくことはなくなり、どこかで必ず停滞する。たとえば、当時、日本に5台しかなかった初代のラプソードを使い始めたときは、ワクワク感が止まりませんでした。でも、その環境が当たり前になり、ほかの学校も使い始めると、表現は良くないですけど面白くないんですよね」

新しいことにチャレンジし続けるのは、ワクワク感を味わうためと言えるだろう。きっと1年後には、また新たな取り組みをしているはずだ。

マネージャーが日本野球学会で「奨励賞」を受賞

目標は甲子園出場。そこに揺るぎはないが、「たとえ甲子園に行ったとしても、まだ道中です」と指揮官は表現する。

「多方面で魅力的な野球部にして、甲子園に行く。多くの人に求められ、学校や社会に貢献することが野球部と私の使命だと考えています」

血糖値の話で「日本野球学会」について触れたが、じつは立花学園の女子マネージャーと選手がポスター発表で参加していた。テーマは『交代した選手の所に打球は飛ぶのか』(鈴木幹康、山口大翔、大野響、岸山拓真)、『高校生マネージャーの仕事の現状と今後の課題』(佐々治美穂、辰巳凛、山内麻衣)。マネージャーのポスター発表が、高校生の部で奨励賞を受賞した。

「高校生の部は17本の発表がありましたが、そのほとんどが厚木高校や米子東高校など、SSH(スーパーサイエンスハイスクール)に指定されている進学校でした。対抗するわけではないですが、立花学園でも奨励賞をもらうことができる。これも、魅力づくりのひとつです。慶應がなぜ日本一になったかと考えると、その背景には『主体性』や『科学的』をちゃんと理解して、自分自身に厳しく取り組める選手が多かったことも関係していると思います。立花学園も、こうした生徒がもっと増えていけば、勝つ確率は上がっていくかもしれません」

そのためには、選ばれる学校にならなければいけない。立花学園に入れば、自己の特徴を把握し、さまざまなことにチャレンジができ、科学的なエビデンスに基づいた野球を追求することができる。

「社会全体で、SDGsの重要性が叫ばれていますが、高校の部活動も同じだと思います。持続可能な組織を作っていかなければいけない。選手には、『たとえ、明日おれがいなくなったとしても、同じことができていないとダメだよな』と伝えています。カリスマ指導者が勝たせる組織では、現実的に長続きしません」

一方で、理不尽さや根性も大事にしている。科学的な思考だけでは、ヒリヒリした緊張感の中でベストパフォーマンスを発揮することはできない。

「理不尽なことも、科学的なアプローチも、効率の良いことも、すべてやらないと見えない世界は絶対にある。うちは毎年12月22日から合宿を組んでいて、26日の夜8時から『1球バッティング』をやっています。ピッチングマシンを誰でも打てる球速にセットして、1球で外野に飛ばす。全員がノーミスで2周できれば終わりです。ただ当てるのでなく、フルスイングができるか。一昨年は夜8時から、夜中の3時までかかりました」

今は、さまざまな声があがる時代だ。それでも、信念を持って「1球バッティング」を続けて、3年が経つ。

「私は、終わるまでずっと立って見続けています。それが責務だと思っていますから。彼らが、どんな気持ちで取り組んでいるのか。脳内からどんな物質が出ているのかを、よく感じるようにしています。失敗に対する恐怖心でアドレナリンが出すぎて固まっているのか、『やってやろう！』と前向きなアドレナリンが出ているのか。私のバイアスもかかっているかもしれませんが、このときにフルスイングできる選手は、夏の大会でレギュラーになっています」

就任8年で、夏の準決勝まではたどり着いた。神奈川の頂点まであと2勝。このステージに戻ってくることも、準決勝からの道のりがさらに険しいことも、十分にわかっている。だからこそ、面白い。「革命前夜」のワクワク感を積み重ね続けたとき、新たな歴史の扉が開く。

CHAPTER
11

武相

豊田圭史

監督

「何かやってくるんじゃないか」
相手に怖さを与えられる
チームに変えたい

1964年から68年の間に、夏の神奈川大会を4度制した武相。近年は「古豪」という枕詞が付く立ち位置になり、1968年を最後に甲子園から遠ざかる。「再建」を託されたのが、武相のOBであり、富士大の監督として計8度の全国大会出場の実績を持つ豊田圭史氏だった。コロナ禍の2020年8月に監督に就任。土台作りの3年が終わり、いざ勝負の4年目へ——。

	秋		春		夏	
2020	県	2回戦	中止		県	4回戦
2021	県	1回戦	県	3回戦	県	3回戦
2022	県	3回戦	県	2回戦	県	3回戦
2023	県	4回戦	県	2回戦	県	4回戦
2024	県	4回戦				

＊豊田監督は2020年夏の独自大会から指揮

県＝県大会

秋春夏を1シーズンと考えて、秋のシーズンは翌年に入れています

PROFILE

豊田圭史（とよだ・けいし）

1984年2月4日生まれ、神奈川県横浜市出身。武相—富士大。高校時代は外野手兼投手を務め、3年夏は3回戦で光明相模原に敗退。富士大、フェズント岩手でピッチャーとしてプレーし、2009年から富士大のコーチを務める。2013年12月から監督に就き、大学選手権に5度、明治神宮大会に3度出場。2020年8月から現職となり、古豪復活の道を進む。

母校を立て直すために岩手から神奈川へ

今年の冬、豊田監督に取材のお願いすると、「ぼくでいいんですか？　まだ結果を出していないですよ」と遠慮気味の返事があったため、「でも、これから勝つつもりでいますよね？」と聞くと、「その通りです。取材お受けします！」と明るいトーンに変わった。

取材時に、高校3年時の『高校野球神奈川グラフ２００１』（神奈川新聞社）を持参すると、「いや、これは懐かしいですねぇ」とペラペラめくり始めた。

「これ、平田（徹／彩星工科監督）じゃないですか。自分たちはすぐに負けて暇だったから、ハマスタの決勝戦を観に行っていたんですよ。大河原（正人）も懐かしいなぁ、東芝の監督ですからね。山口（鉄也／巨人二軍投手チームコーチ）がいたY校の試合も球場で観ていました。武相とY校は仲が良かったので。この学年は、藤嶺が強かったんですけど、内藤（雄太／元ＤｅＮＡ）がいた横浜商工（現・横浜創学館）に負け。思い出すなぁ」

武相は3回戦で、光明相模原に2対9で敗退。豊田監督はレフト兼投手を任されていた。木本芳雄監督（１９７１年夏、桐蔭学園の監督として甲子園優勝）、古賀正部長（広島商－法政大／２００９年度日本高野連「育成功労賞」受賞）の名物コンビの時代であるが、甲子園は遠かった。

「本当は、中学を卒業してすぐに働こうと思っていて、高校を卒業するときにも働くつもりでした。実家が土木建築の会社をやっていて、その頃は父親が社長。それもあって、社長に憧れていたんです。楽に見えたんですよね。自分もいずれは社長になりたい。大人になれば、社員の人生を背負っている社長業がどれだけ大変かわかります」

高校卒業時、さまざまな縁が重なり、岩手の富士大へ。社会人野球のフェズント岩手でプレーしたのち、富士大に戻り、２００９年からコーチを務めたあと、２０１３年12月から監督に就いた。就任１年目の春から２０１８年秋まで、北東北リーグ史上最長となる10連覇を達成。山川穂高（ソフトバンク）、外崎修汰（西武）、鈴木翔天（楽天）ら、教え子がＮＰＢで活躍している。

向上出身の鈴木翔天をはじめ、楠研次郎（東海大相模／東京ガス）、下地滉太（日大藤沢／ＪＦＥ東日本）、石井翔・涼（三浦学苑／ＢＣリーグ神奈川）、原田翔太（平塚学園／七十七銀行）ら、神奈川を沸かせた選手も数多く在籍していた。それだけ、高校の指導者から信頼を得ていた証と言える。送り出していた監督からは、「面倒見がいい」「とにかく負けず嫌い」といった声が聞こえてくる。

豊田監督自身、高校の指導者とのつながりの中で、学ぶこともたくさんあった。

「野球人として、心から尊敬しているのが門馬さん（門馬敬治監督／創志学園監督）です。野球の戦い方というよりも、野球に対する想いや勝ちへの執念は学ぶところがたくさんあります」

なぜ、武相に戻ってきたのか――。「豊田監督が武相の監督に就く」という情報が流れたときには、神奈川の野球界がざわついた。

「コロナ禍になる少し前に校長から連絡がありました。家業のこともあって、いずれは横浜に戻って来なければいけないと考えていたところでした。タイミングですかね」

決して、高校野球の監督に強い関心があったわけではない。富士大で日本一を狙えるチームを着々と作り、その手応えも持っていた。全国から、自分を慕って富士大を選んでくれた学生にも申し訳ない気持ちもあった。それでも、武相からのオファーを受けた。

「母校だったから、武相だったからです。それは間違いありません。桑元さん（桑元孝雄／東京農業大コーチ）が２０１４年に退任されたあと、なかなか勝てない時代が続いていました。ＯＢのひとりとしては、やっぱり寂しい。武相を立て直すとしたら、若くて体力のある人間じゃなければ無理だと。そうでなければ、今の高校生とは戦えませんから」

就任時は36歳。私学の監督の中ではまだまだ若い。

ひとりでは立て直すのが難しいと考え、専大北上（岩手）で監督経験のある白濱暁氏に声をかけ、コーチとして招き入れた。豊田監督のひとつ上になり、富士大を指導していたときから深い交流があった。

一生懸命にやる大切さを伝えた土台作りの3年間

２０２４年に入り、武相の監督として3年半が過ぎた。今春の県大会を迎える時点で、最高成績は２０２２年秋、23年秋のベスト16。目立った結果は出ていないが、昨夏は平塚学園と4対5、秋は桐光学園とタイブレークにもつれ込む熱戦を展開。率直に、ここまでの歩みをどう見ているか。

「順調じゃないですかね。これは言いづらいですが、自分の中では最初の3年間は相当苦しむだろうと思っていました。武相は低迷期に入っています。低迷期を乗り越えるには、大幅にスタイルを変えていかなければいけない。監督が大事にしていることを植え付けていくには、最低でも3年はかかる。技術指導よりも生活指導。そういう意味で、この3年間の選手はきついこともたくさんあったと思いますが、その代のキャプテンを中心に本当によく頑張ってくれました」

就任1年目から佐藤明登（日本大）、竹井颯大（亜細亜大）、赤垣雄大と、歴代のキャプテンが武相再建に向けて、チームの想いをつないできた。

豊田監督が大事にしているのは、とてもシンプルなことだ。

「一生懸命にやる、ということです。環境整備、グラウンド整備、道具の管理、挨拶、言葉遣い、本当にイチから教えていきました。すぐにできるようにはならないので、どうしても時間がかかる。だから、最初のうちは練習時間が長くて、土日は朝8時から夜8時までやっていたこともあります」

２０２２年に創立80周年を記念した人工芝のグラウンドが完成したが、それ以前は土のグラウンドだった。心を込めて、丁寧にやろうと思えば、整備に時間がかかる。

「環境整備に1時間、道具の片付けにも1時間。それぐらいの時間をかけて、ルールを教えていきました。これはぼくの性格でもあるのですが、何事もきちっとしていないと落ち着かない。身の回りが整っていないと、野球に集中ができない。それに、大学の監督がグラウンドに来られたときに、武相の環境や選手を見て、何を感じるか。こういうところから、大学の進路が変わっていく。最終的には、『豊田の教えを受けた選手なら、信頼ができる』『武相の選手なら、チームの役に立ってくれるはず』という信頼関係が求められていきます」

大学の監督を務めた経験がある分、受け入れる側の視点を持てるのは、豊田監督ならではの強みと言えるだろう。

取材でグラウンドを訪れたときには、私の姿を見つけるなり、ひとりの選手がサッと寄ってきて、「ご案内します」と声をかけてくれた。これだけでも、好印象だ。

豊田監督が就任してから、最初に見た試合が2021年の秋だった。抽象的な表現になるが、第一印象は「ピシッとした」。一塁への駆け抜け、攻守交替など、さまざまな動きにスピード感があった。

「そういうところです。そこからのスタート。OBの中には、『少々粗いぐらいが武相らしくていい』という声もあるんですけど、『もうそんな時代ではないですよ……』と」

2023年秋の大会で、とても嬉しいことがあったという。

「3回戦が終わったあと、応援に来ていた3年生が等々力球場のスタンドを回って、ゴミを集めていました。ぼくが言ったわけではなく、生徒たちが自ら行動していて、こういう姿が嬉しいですよね」

まさに、人としてもチームとしても、土台作りの3年間だった。

2023年秋、惜敗の中で感じた桐光学園との〝差〟

2023年夏は4回戦で平塚学園に1点差で惜敗。少ない準備期間で臨んだ秋の大会は、金沢総合、三浦学苑を接戦で下し、4回戦では優勝候補の桐光学園に挑んだ。常に先手を許す展開も、3度追いつく粘り強さを発揮し、延長10回3対4とあわやの勝負を演じた。

「自分自身、相手の弱点を分析することを得意にしています。武相に来てから、昨年夏の平塚学園戦で初めてしっかりと分析をして、秋に関しては泊まり込みで合宿を組んで、選手が就寝したあと、夜中まで相手のビデオを見ていました。なぜ、昨年から始めたかというと、それができる技術が付いてきたからです。特に、1年生のピッチャー八木（隼俊）、キャッチャー吉﨑（創史）は能力が高く、弱点を突けるだけの技術を持っています」

八木は、豊田監督の母校でもある横浜市立中田中の出身で、中3時は横浜クラブ（市選抜）のエース格として活躍した。吉﨑は栃木・下野シニア出身で、複数の強豪から誘われながらも、豊田監督の熱意に惹かれて武相を選んだ経緯がある。学校の敷地内に寮があり、県外の生徒を受け入れる態勢が整っている。

「3回戦、4回戦が連戦でした。3回戦ですべてを出し切ってしまうと、次の桐光学園戦では勝負できないのが目に見えていました。桐光側が偵察に来ていたのもわかっていたので、ベンチが出したサインはヒットエンドランの1回だけ。バッテリーの攻め方も、あえてアウトコース中心でした」

腹をくくって戦った結果、4対3で競り合いをモノにした。

翌日の桐光学園戦、公式戦初先発となる八木をマウンドに送り出した。試合前のミーティングでは、「100パーセント接戦になるから、最後まで勝とうと思うなよ」とメッセージを送った。つまりは、「欲を出すな」ということだ。接戦で終盤に持ち込めれば、「格上の桐光学園のほうが焦る」という見立てもあった。

そこまでの自信はどこにあったのか。

「桐光学園は7人が左打者。八木は左腕にしては珍しく、左対左のインコースにきっちり投げられる制球力を持っています。そこを突ければ、秋の時点であればそうは打たれないだろうと思っていました」

試合は、思い通りの展開となった。八木が7回3失点で試合を作ると、打線はミートに徹したバッティングでエースの法橋瑛良を粘り強く攻め続け、7回まで3得点。タイブレークに入ると、1点を追う10回裏に一死二、三塁と、一打サヨナラのチャンスを作り出した。ここで、代打を送るが空振り三振。後続も打ち取られ、1点差で金星を逃した。

「最後の最後に、監督に欲が出ました。タイムリーで逆転サヨナラがよぎったことで、ヒットを打てる可能性がある一方で、三振の確率も高いバッターを代打に選んだ。でも、よくよく考えれば、1点を取って、もう一度タイブレークで良かったんです。11回の打順の巡りを見ると、うちのほうがいい。完全に、監督のミスです」

試合を振り返ると、随所に桐光学園との〝差〟を感じたという。

「球際の強さが、うちとは違いました。ツーアウト満塁からのライト線、セカンド後方の小フライなど、3つほどヒット性の当たりを捕られています。ひとつでも抜けていれば、勝敗は変わっていたはず。一方で、うちはセンター前の打球を球際で捕れずに失点。走塁面でも、9回裏ノーアウト一塁からのバントが、一塁走者のスタートが遅れたことによって二塁でアウトになっている。ひとつひとつの細かいところに差が出た試合でした」

それでも、今の武相にとっては、公式戦の中で〝差〟を実感できたことが大きな収穫となった。

技術とフィジカル強化に本格着手

昨秋の大会を終えたあと、豊田監督は選手に強いメッセージを伝えた。

「ここから、ガラッと変えるよ」

言葉の真意はこうだ。

『野球をやるぞ』ということです。新チームから徐々に野球にシフトしていましたが、秋に負けたことで、野球に向き合う時間ができました。具体的に言えば、技術とフィジカルを上げていく。この2つを上げていかない限り、上のチームに勝つことはできませんから」

だからといって、長い時間練習するわけではない。ここまでの3年間で、チームとして取り組む土台はできた分、「あれもこれも」と手を付ける必要はなくなった。冬場であれば、前の世代までは丸一日練習をしていたが、今は10時から15時と比較的短い。

「フィジカルを強化するために、目に見える数字を示すようにしています。練習前に必ず体重を計り、前日よりも増えているかどうかを確認する。計ることによって、食事でどのぐらいのエネルギーを摂らなければいけないかもわかってきます。1日4個のおにぎりを持ってきて、授業や練習の合間に食べるようにしています。目標は1カ月ごとに、1．5キロ増やすこと。体重が増えることに、喜びを感じさせてあげたいですね」

今春の公式戦から新基準バットに変わることで、体重を含めたフィジカル強化の必要性をより感じている。

「体がなければ、新しいバットは飛びません。就任1年目、2年目は、野球をやる体力を付けるためにきつい走り込みもしてきましたが、今は次の段階に進んでいます。走り込みすぎると体重が減っていくので、技術練習とフィジカルトレーニングの割合を常に考えながら、メニューを組んでいます。このあたりの考えは、富士大で学びました。野球ばかりやっていても、スケールの小さい選手になってしまう。冬であれば、技術練習が2割、トレーニングが8割。このぐらいの感覚です」

たとえば、12月はボールを投げることは一切やらず、肩ヒジを休めるとともに、フィジカル強化に時間を注ぐ。週3日のウエイトトレーニングを習慣化し、シーズンに入ってからも週2日は確保する予定だ。

疲労回復のことも考え、平日の朝練は行っていない。目標の睡眠時間は7時間。夏場の暑い時期には、9時半から12時過ぎまで練習をしたあと、昼食と昼寝に時間を充て、15時から活動を再開することもある。

「一回疲れを取って、頭と体をクリアにしてから、午後の練習に臨む。このほうがケガ防止になりますし、集中力が上がります」

技術練習に関しては、秋の大会後、バッティング練習の時間を増やしている。新基準バットにいかに対応するか。

「これまでの金属バットでは、打ち方を細かく教えていませんでした。どんな振り方でも、ある程度は飛ぶバットでしたから。でも、今度のバットはそうはいきません。芯で捉えなければ、飛距離は出ず、力任せに打っても飛ばない。それでも、金属バットなので、大学生が使っている木製バットよりもヒットは出やすい。ぼくには木製バットで勝負してきた経験があるので、そのあたりは有利に働くと考えています」

木製バットと新基準バットを使い分けながら、ミート率を高める取り組みに力を入れる。

「バットが外回りするドアスイングのバッターは、打率が明らかに下がると思います。どれだけ、前の肩を開かずに内側から出せるか。技術的な差が、そのまま得点力の差に出るのではないでしょうか。指導する側としては、非常に楽しみにしています」

小技重視の野球では神奈川は勝てない

新基準バットに変わることで、「犠打やエンドラン、走塁などの小技がより重視されるのではないか」と考える指導者も多い。その話を豊田監督に振ると、「でも、それだと怖くはないんですよね。その野球で横浜や東海大相模に勝てるイメージは湧きません」と口にする。

富士大を率いて、大学日本一を目指していたとき、ホームランで流れを持っていかれた苦い経験がある。

2017年の大学選手権2回戦で、東京六大学の王者・立教大と対戦した。6回表に富士大が2点を先制し、先発のエース加藤弦（JR東日本東北）が6回裏までスコアボードに0を並べた。7回裏、無死から出塁を許すと、豊田監督はタイムを取って、マウンドに向かった。

「立教の打者は七番。たしか、久しぶりのチャンスで終盤だったので、確実に送ってくると考えていました。バッテリーには、『アウトをまず増やそう。同点まではOKだから』と声をかけた記憶があります」

送りバントでアウトをもらえるのなら、むしろラッキーだ。一死二塁からタイムリーを打たれても、まだ1点リードしている。心に余裕を持って臨んだはずだったが、試合再開後の初球を大東孝輔（明治安田生命）に見事に捉えられ、東京ドームのライトスタンドに消える同点2ランを浴びた。この一発で、ドームの雰囲気が一変し、立教大の応援席は沸きに沸いた。加藤の球数はすでに120球を超えていたが、エースを信頼して続投させたところ、後続にチャンスを作られ、結局は1イニングで大量6点を失った。

「ホームランを打たれた時点で、交代を決断するべきでした。『同点ＯＫ』とは言っていましたが、本当に同点に追いつかれたことで、チームがバタバタとしてしまった。『アウトをまず増やそう』という声かけを含めて、監督としての責任を感じる敗戦でした」

あれが、ホームランでなければ、ここまでの失点は喫しなかったかもしれない。

この勝利で勢いに乗った立教大は、そのまま頂点まで駆け上がり、59年ぶり4回目の日本一を果たした。それだけに、余計に悔しい敗戦となった。

新基準バットになったとしても、一発で試合の流れを変えられる野球ができなければ、激戦の神奈川を勝つことはできない。

「大学生を見ていて実感することですが、プレーが少々粗くても、肩が強い、バットが振れるなど、秀でたものを持った選手は面白いんですよね。何かきっかけを掴むことで、一気に伸びていく。だから、武相でもフィジカル強化を重視しています。それにうちが、小さくまとまった野球をやったら、絶対に勝てませんから」

仲間を大事にして、横のつながりを深める

三学年が揃っていた昨夏は83名、二学年の新チームは51名と多くの部員がいる武相。豊田監督のポリシーは、「できる限り全員に出場機会を与える」だ。

「昨年の予定表を見返していたんですけど、3月から11月までの間に、Aチームは150試合、Bチームは86試合やっていました。合わせると、230試合を超えています。他校がどのぐらいかわかりませんが、ぼくの感覚では結構多いと思います。特に大事にしているのが、B戦を多く組むこと。B戦は指導者によって、いろいろな考え方があって、『Aチームを強化するためのB戦』と言い切る指導者もいますが、うちでは技術的に未熟な選手であっても積極的に起用するようにしています。頑張っているのは、どの選手も同じですから。もちろん、時期によってはAチーム入りを争う選手でB戦を組むこともありますが、それだけにならないようにしています。試合に出場できないと、何のために練習しているのかわからないじゃないですか」

最終的に、夏のメンバー20名が選ばれるが、全員にチャンスが与えられたうえでの20名か否かで、納得感は大きく変わるだろう。

「高校3年間で身に付けてほしいのは、野球がうまくなること以上に、『友達を大事にする』『仲間の気持ちを想う』『人を傷つけない』といった内面のところです。レギュラーだから、メンバーだからといったことは関係なく、横のつながりを大事にしてほしい。これは、ぼく自身の反省もあって、自分が高校生のときはグラウンドの改修工事とぶつかったこともあり、なかなか満足に野球ができ

ませんでした。それもあって、春先は40人近くいた同級生が、3年生の夏には10人近くにまで減っていました。練習ができず、試合も勝てず、横のつながりもなかなかうまくいかない。今の選手に、そういう気持ちだけにはさせたくないと思っています」

3年間、仲間と切磋琢磨しながら努力を続ければ、おのずと次の進路が見えてくる。神奈川で勝つこと、甲子園に出ることと同じように、「上のレベルで野球を続ける選手を、ひとりでも多く輩出していきたい」と、豊田監督は考えている。

「せっかく小さい頃から時間をかけてきた野球を、高校で終わらせてしまうのはもったいない。選手によく言うのは、『大学に行ったら、人生が変わるやつが多いんだよ。高校までの実績は関係ない。甲子園に行ったかどうかも関係ない。自分次第だぞ』」。

向上から富士大に入学した鈴木翔天は、高校3年時には背番号7を着けた外野手兼投手だった。大学で体重が15キロ増えるとともに、球速も10キロ以上伸び、プロの道を切り拓いた。

19歳から22歳ともなれば、心身ともに大人に近づいていく時期だ。高校生のとき以上に、自分の強みや弱みを客観的に捉え、練習に落とし込むことができる。

「大学で、どういう選手が伸びるのか。『プロに行きたい！』という強い意思は絶対に必要です。でも、最初からそこを目指している選手はほとんどいません。まだ、自分の可能性がわかっていないので。外崎（西武）にしても龍世（佐藤龍世／西武）にしても、『お前なら行けるから！』と言い続けました。技術的な要素だけでなく、佇まいや性格、雰囲気も含めて、『こいつはプロで戦える！』と直感的に感じるものがあります」

現在の武相であれば、八木や吉﨑には大学、社会人、そしてプロを目指した声をかけ続けているという。

帽子に刻んだ『志生夢叶』の意味

豊田監督が練習時にかぶる帽子には、『志生夢叶　～ゼロからのスタート～』という刺繍が刻まれている。初めて目にした言葉だが、「しせいむきょう」と読む。富士大時代から大切にしてきた、自身の座右の銘だという。

「志を持って生きれば、夢は叶う。自分で考えた言葉なのですが、あとになって、この言葉の芋焼酎が販売されていることを知りました」

そして、ゼロからのスタート。

「『ゼロから』と言ったら怒られそうですけど、先輩たちが作り上げてきたものに、新しいものを積み上げていく思いでやっています。自分自身が生きてきた道は、『雑草』だと思っています。中学でも高校でも大学でも、選手としての実績は何もありません。そこから、指導者になって、前任の青木監督（青木久典／元法政大監督）のもとで野球を学び、自分なりの指導観を磨いてきました」

雑草の強みとは――。

「ハングリー精神。あとは、踏まれても踏まれても、立ち上がる生命力です。これまでは、『武相？　たいしたことないでしょう』と舐められていたところが多いと思います。その認識を変えていきたい。『何かやってくるんじゃないか』と、相手に怖さを与えられるチームにしたいですね」

読書家でもある豊田監督は、実家が会社を経営していることもあって、経営者が書いた本に特に興味を持つ。何度も繰り返し読んでいる愛読書が、稲盛和夫氏の『考え方～人生・仕事の結果が変わる』（大和書房）である。

「『京セラを世界一の会社にする』とずっと言い続けていたそうです。目標は口にしなければ、叶わない。言い続けることによって、可能性が広がっていく。自分も同感です。ただ、武相の選手には『甲子園』という言葉はまだ使っていません。それは、ベスト8やベスト4に入ってから、現実的に見えてくるものであって、まずはそのステージまでたどり着きたいと思っています」

神奈川に戻ってきたことで、県内の指導者との交流も増えた。大学の監督をしていたこともあり、ネットワークは広いが、その縁はさらに広がっている。「初めてじっくりとお話をして、その人柄が好きになりました」と語るのが、昨夏日本一を果たした慶應義塾の森林貴彦監督だ。

毎年秋、武相、慶應義塾、日大高の3つの私学が集まり「港北カップ」を開催している。コロナ禍で中止になっていたが、久しぶりに復活した。夜の懇親会で、森林監督と親睦を深めることができた。

「勝利すること以上に、選手の成長や育成を一番に考えていて、チーム全体のことを見ていると感じました。小学校の教員ということもあって、高校野球の監督とは少し目線も違う。それが、本当に勉強になって、人間的にとても尊敬できます。あれだけ高い志を持った選手が集まっている慶應義塾で、監督がしっかりとした指導方針を持っている。今の武相では勝てないなと、正直に思いました」

「ただ……」と付け加える。

「森林さんのやり方がこうだから、門馬さんの指導法がこうだからと、そこを真似しているうちは、絶対に勝てないと思っています。自分のスタイルを作り上げて、誰に何と言われようとも、『豊田の野球はこうなんだ』と言い切れなければいけない」

昨秋、タイブレークで敗れた桐光学園との再戦を熱望する。冬のトレーニングを経て、チームがどこまで成長したか。それを知るには絶好の相手となる。

「2024年、2025年…、ここからの1~2年で、チームとしての手応えや兆しが見えてこなければ、自分自身が修行をし直さなければいけないと考えています。勝負をかけたい。『神奈川はそんなに簡単ではない』と、周りの指導者には思われるかもしれませんが、それぐらいの〝志〟を持っておかないと戦えないですから。だから、ある意味では、今が一番ワクワクしているんです」

「目標は甲子園」と、監督も選手も本気で口に出せるようになったとき、「古豪復活の道」がおのずと切り拓かれていくはずだ。

CHAPTER
12

県相模原

佐相眞澄

監督

束になって戦ったとき、
見えない力が働く
甲子園は見えている

今年8月に66歳を迎える県相模原・佐相眞澄監督。2023年度をもって公立の教員を退職し、現在は外部指導者として監督業に専念する。かつては中学野球で監督を務め、3度の全国大会出場。2005年から高校に移ると、川崎北で2007年秋の県大会ベスト4、県相模原では2015年春に準優勝、2019年夏には横浜に打ち勝ち創部初のベスト4進出。県立でもっとも甲子園に近い実績を残している。

	秋		春		夏	
2020	県	2回戦	中止		県	4回戦
2021	県	1回戦	地	地区予選	県	1回戦
2022	県	3回戦	県	2回戦	県	3回戦
2023	県	2回戦	県	3回戦	県	4回戦
2024	県	3回戦				

県＝県大会
秋春夏を1シーズンと考えて、秋のシーズンは翌年に入れています

PROFILE

佐相眞澄（さそう・ますみ）

1958年8月31日生まれ、神奈川県相模原市出身。法政二－日本体育大。現役時代は外野手。大学卒業後、相模原市の中学校の教員となり、大沢中で全日本少年3位、東林中で全国中学校軟式野球大会3位。2005年から川崎北に移り、2007年秋の県大会でベスト4。2012年から県相模原の監督に就き、夏のベスト4が1度、ベスト8が2度。座右の銘は「人生打ち勝つ」。

県立全体のレベルを上げるための勉強会を開催

２０２３年12月9日、佐相眞澄監督が勤める県相模原のグラウンドに、20人を超える「採用5年目以内」の若手指導者が集まっていた。10年ほど前に立ち上がった、県立の指導者向けの勉強会である。

「もともとは、寺尾先生（寺尾洋一／当時・座間総合）と一緒に始めた勉強会。お互いに包み隠さずに指導法を伝え合うことで、私学に勝てるチームを作っていこうというのが狙いです。私学のように、中学時代に目立っていた選手が入ってくるわけではないので、指導力を上げていかない限りは勝負ができない。コロナ禍で少し休んでいたから、今回が5年ぶりぐらいの開催だと思います」

午前に市ケ尾の菅澤悠監督が守備指導を務めたあと、２０２２年12月まで川和を率いていた伊豆原真人先生（川崎工科教諭）がピッチング指導、午後から佐相監督が打撃指導を行うプログラムになっていた。

菅澤監督はリリースの角度（高低）を調整することがコントロールの安定につながり、伊豆原先生はラプソードを活用し、回転軸や回転数をもとに自分自身の特徴を見つける方法を伝えていた。

昼食を挟んで、打撃講座が始まった。

佐相監督は中学校を率いていたときから、「打ち勝つ野球」を掲げ、ボールが飛びにくい軟式野球であっても、外野オーバーの長打を打てるチームを作り上げていた。法政二、日本体育大で左の強打者として活躍し、バッティングが大好きな選手でもあった。

バッティングは、10回中3回でも打てれば、一流選手と呼ばれる世界。高校野球であれば打率4割を超えることもあるが、それでも割合で考えれば、アウトになることのほうが多い。「ボールを持っているのは守備側であり、主導権は守備側にある。野球は守備が有利なスポーツ」と見る指導者が多い中、佐相監督はまったく逆の考えを持っている。

「野球はバッター対ピッチャーの1対1のケンカ。バットという道具を持ったバッターが有利。打席に入ったときに、『おれのほうが有利』とバッターが思えることは、非常に重要」

川崎北を率いていたときには、2007年秋の県大会の3回戦で桐蔭学園に10対1の7回コールド勝ち。準々決勝では打が売りの横浜創学館を18対8で下すなど、私学の投手陣を苦にすることなく、打ち勝ってきた。「県立からの甲子園」をリアルに感じるチームを作り上げ、2007年秋のベスト4を筆頭に、2008年（北神奈川）夏ベスト8、2010年春ベスト8、2011年秋ベスト8と、コンスタントに上位に食い込んだ。

2012年から指揮を執る県相模原でも、2014年夏にベスト8に入ると、秋にはベスト4進出。翌2015年春には準優勝を遂げ、創部52年目にして初の関東大会出場を果たした。さらに、2018年（北神奈川）夏の準々決勝で東海大相模と8対9の大熱戦を演じると、翌2019年夏の準々決勝では大会4連覇を狙った横浜に8対6の逆転勝ち。のちにプロに進む松本隆之介（DeNA）、及川雅貴（阪神）を打ち崩し、神奈川だけでなく全国の高校野球ファンを驚かせた。

打撃講座は、こんな話から始まった。

「指導するうえで大事にしているのが構え方。構えこそがバッティングのスタート。構えを重視する指導者が少ないように思うけど、正しい構えができていない限りは、打てる確率を上げることはできないと思います」

どのコースにも対応でき、力を発揮しやすい基本の型として、パワーポジションの重要性を説く。ピッチャー側から見たときに、足のつま先・ヒザ・肩の3点がほぼ一直線に並ぶように構える（地面と垂直の関係性）。腰椎を後ろに反らすように尻を後方に突き出し、骨盤を前傾させることによって、この姿勢を作りやすくなる。

パワーポジションの利点は、ハムストリングスや下背部、大殿筋群を中心とした体の裏側の筋肉を使いやすくなること。後ろ足から前足の股関節に体重を移していくときに、推進力を生み出す大きなエネルギーとなる。また、骨盤前傾の姿勢を取ることで、股関節や内転筋群を使いやすい状態を生み出すことができる。股関節の構造上、骨盤前傾位でなければ、可動域が狭まってしまう。

この構えを基本としたうえで、ステップ、テイクバック、トップ、スイングと、順々に細かく分けて指導していくのが〝佐相流〟だ。「軸足の股関節でボールを見る」「股関節のリレー」「後ろヒジと後ろヒザの動きを同調させる」「トップは45度～60度」など、いくつものキーワードがある。

日頃の練習では、トスバッティング、防球ネットを2枚使った正面からの打ち分けティー、フリーバッティングなどをローテーションする。いずれの練習でも年間通して、竹バットを使い、バットの芯でボールを捉える感覚を重要視している。

「甲子園出場」のロマンを追いかけて

「3月で教員辞めるよ」と電話がかかってきたのは、2023年度が終わりに差しかかった頃だった。

――寂しくないですか？

「いや、全然」

――監督は続けるんですよね？

「もちろん、まだまだやるよ」

――その根底にあるものは何ですか。

「おれ、負けず嫌いだから。負けたくないんだよね。まだ、夢を叶えてないし、応援してくれる市民がいる」

――夏に横浜に勝ちましたけど……。

「甲子園に行ってないから。まだ何もやり遂げていない。やっぱり、あの舞台に立ちたい。この間、センバツを見て、余計にそう思ったんだよね」

――またグラウンド行きます！

後日、電車で県相模原の最寄り駅である相模原駅に向かう最中、佐相監督の経歴を改めて調べていて、驚いたことがある。

日体大を卒業したあと、1981年4月から中学校の教員となり、相模原市立新町中、大沢中、東林中を経て、２００5年4月から高校の教員に就いた。中学に在籍したのが24年で、高校が今年で20年目。もうすぐ、在籍年数が並ぶことになる。

個人的な話を書くと、私のスポーツライターとしての始まりは中学軟式野球にある。大学４年時にライターを志したとき、最初に取材した指導者が東林中を率いていた佐相監督だった。東海大相模で２０００年のセンバツを制した筑川利希也に関するエピソードを集めていた過程で、筑川の中学時代の恩師である佐相監督に出会うことができた。

その後も取材の勉強のため、東林中に足を運ぶようになると、そこには星稜中や桐蔭学園中、修徳学園中（現・修徳中）、東海大翔洋中（現・東海大静岡翔洋中）など、全国の強豪が練習試合に訪れていた。そこで出会った指導者が佐相監督に負けず劣らずのエネルギーを持ち、中学軟式野球の魅力にどっぷりはまるようになった。

佐相監督は当時から、「いつかは高校野球をやりたい。県立高校で甲子園出場というロマンを成し遂げたい」と夢を語っていた――。

「20年なんて、あっという間。年を取ると1年1年が早いから」

グラウンドでの取材は、いつも三塁側ベンチで行われる。

ウォーミングアップが終わると、バックネットに打ち込むフリーバッティングが始まる。外野ではほかの運動部が活動していることもあり、1年中このスタイルだ。前任の川崎北時代に、外野方向ではなくバックネット方向に打ち込む練習を発案し、防球ネットの置き方を工夫するなど改良を重ねて、ボールがネットの外に飛び出ないやり方を見つけ出した。

佐相監督はお気に入りのイスに座り、同じ角度からバッティングを見る。左バッターであれば背中側、右バッターであれば向き合うような形になる。つまりは、試合と同じ角度だ。

「ここから見ると、体重移動やトップの深さ、タイミングの取り方など、技術的なポイントを確認しやすい。それに、ずっと同じところから見ているので、選手の変化にも気づきやすい」

「トップの形、良くなってるよ」と褒めることがあれば、「また悪いクセが出てきているぞ。トップが体に近くなっている」とダメ出しをすることもある。

ただ、川崎北時代と比べれば、細かいことはあまり言わないようになった。

「この子たちには、そのほうが良いのかな。理解力があって、主体的に取り組む姿勢もあるので、練習で指摘したことを自主練習で直そうとする意欲が高い。わからないことがあれば、『スイングを見てください』と聞いてくる。最近は優しいから、おれのことをまったく怖がっていない（笑）。たぶん、細かいことをうるさく言っていたら、聞きに来ることもないと思う」

「人が大好き」と語る佐相監督。グラウンドに来るまでの間に、一般生徒とすれ違うと、ごくごく自然に声をかける。そして、生徒から声をかけられることも多い。野球部の選手とも積極的にコミュニケーションを取るため、距離は意外と近い。

守破離の〝守〟を大事にする選手ほど伸びる

「県相の生徒の素晴らしいところは、1を言えば、最低でも1を理解して、やり切ろうとすること。ここ数年は1を伝えれば、1．3や1．5になって返ってくる。だから、3年生の夏までに、驚くような成長を遂げてくれます。それがなければ、横浜に勝つことはできなかったでしょう」

2019年夏、横浜の4連覇を止めた一戦は、神奈川の高校野球史に残る歴史的な1勝と言っていいだろう。横浜が夏の大会で県立に負けるのは、1990年以来のことだった。

0対5からの大逆転勝ち。終盤の7回、8回で8点をもぎ取った。佐相監督が思い出すのが、7回裏に出た風間龍斗の2点差に迫るタイムリー二塁打と、8回裏の中野夏生の逆転二塁打だ。

「高めの失投をうまく捉えたタイムリー。高めのレベルスイングをずっと練習してきた成果を、あそこで出してくれたのが嬉しいよね」

1年生のときから、時間をかけて習得するのが高めのレベルスイングだ。

近年は、前脇を空け、後ろ肩を下げて、アッパー気味にかち上げるスイングをよく見るが、佐相監督の教えは高めほどグリップを下げて、バットのヘッドを立てる。胸の高さほどの防球ネットに向かい合って立ち、ネットの上部をバットで這わせるようにスイングして、形を作っていく。

「高校野球は高めのストライクゾーンが広く、胸の高さまでストライクになるときがある。その高さに対して、脇を空けて打つような打ち方では、どうしても力負けしてしまう。メジャーリーガーのようなパワーがあればまた別だけど、うちの選手はまだそこまでの力がありません」

高校3年間で伸びる選手に共通しているのは、こうした教えを素直に聞き入れ、真面目にコツコツとやり続ける姿勢だという。

「選手によく言うのは、『守破離の〝守〟をしっかりと実践している選手ほど伸びる』。自分流でやろうとする子はどこかで伸び悩むことが多いと感じます」

守破離とは、その文字の通り、「守って破れて離れる」。もともとは、武道や茶道などの修業における成長過程を示したものである。師匠の教えや型を忠実に守り、自分のものにしてから、自分の色を少しずつ出していく。

「バッティングで言えば、構えや打ち方を最初は同じように教えていきます。中学で成功体験がある選手ほど、我流で打ちたがるけど、どこかで高校野球の壁にぶつかって、対応できなくなるときがくる。気づいたときには、型を大事にしてきた周りの選手に抜かれることが多い。まずは、型を守って、型を身に付ける。そのうえで、3年の夏の大会前に〝破〟にいけるのが理想です」

守破離の考えとセットで伝えるのが、「無知の知」だ。わかりやすく説明すれば、「自分自身の無知を自覚することこそが、人間の賢さ」。周りからの意見を素直に聞き、取り入れることが、自分を磨くことにつながる。

2019年に二番センターを任されていた石毛大地（茨城日産）は、筑波大進学後、3年時からレギュラーの座を掴み、首都大学野球リーグで、ベストナインを3度、首位打者を1度受賞した。4年時に県相模原のグラウンドに挨拶に来たときには、「守破離の〝守〟が大事。高校で教わった〝型〟があったから、大学でも打てることができました」と、後輩に伝えてくれたという。活躍する先輩の言葉ほど、説得力を持つものはないだろう。

「文武不岐」を実践し、東大合格者が誕生

県内トップクラスの進学校である県相模原。

昨年度、野球部からは十数年ぶりに東大合格者が誕生した。2022年の夏の大会ではレフトを守っていた高塚瑛一朗が一浪のすえに難関を突破。この春から硬式野球部に入部した。

佐相監督が県相模原に来てから大事にしているのが、「文武不岐」という考えだ。

「いろんな解釈があると思うけど、文武不岐は部活も勉強も100パーセント頑張ること。文と武は別々の道ではなく、1本の道でつながっている。大学受験で第一志望に受かる生徒を見ていると、本当にその通りだと感じることが多くて、どっちも一生懸命に頑張っています」

現キャプテンの三好悠介に、「野球と勉強の両立のためにしていることは？」と聞くと、こんな話を教えてくれた。

「先輩から『いろいろなことに手を出さずに、ひとつのことをやり切ったほうがいい』と教わって、行き帰りの電車の中で、英単語帳に載っている単語を5ページは覚えるようにしています」

川崎から通うため、1時間ほど電車に乗るという。当然、眠いときもあるが、習慣化できるように努力しているとのこと。この往復2時間をどう使うかによって、自分の進路が変わっていく。

グラウンドの三塁側のファウルゾーンには、第一志望校や目指す選手像を自らの言葉で記したホワイトボードがあり、誰からも見えるようになっている。「ボードに書く＝決意表明」であり、チームメイトと切磋琢磨しながら、野球も勉強も努力を重ねている。

「引退した3年生に聞くと、『授業をしっかり聞いていれば、3年夏からでも受験勉強は十分に間に合う』とよく言ってくれています。それは、野球で培った、目標に向かって頑張る力があるから。たまに、『ポール間50本』など理不尽なメニューを課すこともあるので、メンタル面も鍛えられている。うちの選手たちは、少々のことではへこたれません」

　今年の冬、佐相監督がはまっていたのが、TBS系で放送されていた連続ドラマ『不適切にもほどがある！』だ。阿部サダヲが演じる昭和の中学教師（野球部監督）が、昭和と令和をタイムスリップしながら、「本当に大切なことは何か？」を問いかけていく。

「あれは面白かった。昭和の懐かしい感じもあって。ちょうど、中学の教員をやっていた時期だったので。途中から話がややこしくなってきたので、TVerで2回は見ていました」と言うほど楽しんでいた。

「ただ、あのやり方をそのまま令和でやろうとするのは、さすがに無理。でも、ある程度、理不尽なことが必要という考えは変わらない。社会に出たら、理不尽なことはいっぱいあるので」

　時代の流れを十分に理解したうえで、令和に合った鍛え方をしている。

　特に、冬場のサーキットメニューはなかなかきつい。メニューが少しずつ増えていき、2024年は23種類。ジャンプ系もあれば、パワー系もあり、2時間半近くぶっ続けで、全身を鍛え上げる。1種目2分で回り、種目間のレストは30秒。体を鍛えるだけでなく、根性が養われる。

「川崎北のときに比べると、メニューの量も質も上がっています。体を作らないと、私学には絶対に勝てないので」

　冬はもちろん、年間通して取り組み、夏の大会に入っても、トレーニング量を維持している。

「冬のトレーニングを見ているのが、一番好きかもしれません。冬の頑張りで、春になると、一気に伸びていく選手が多い。中学のときも高校のときも、生徒の成長を見られたときは本当に嬉しい。

それが、教員を続けられたひとつのエネルギーなのかな」

全員で束になり、甲子園出場を目指す

2023年夏は、4回戦で優勝した慶應義塾と対戦。エースの小宅雅己や鈴木佳門から9安打を放つも、決定打が出ずに、0対10の8回コールドで敗れた。

「2019年に負けないぐらいの力があって、期待していたんだけど、慶應が強すぎました。悔やまれるのは、チャンスの場面でのサードライナー。いい当たりではあったけど、打球が弱くて。あれがもっと強い打球であれば抜けていたかな。もっとトレーニングが必要だと実感しました」

先輩の石毛が活躍した影響もあり、エースの小林理瑛とキャッチャーの佐藤航成は筑波大を志望し、現役で合格を果たした（硬式野球部に入部）。

小林は、ボールのキレで勝負する右のサイドスロー。中学2年生のときに、県相模原が横浜を破りベスト4に勝ち進んだのを見て、第一志望校に決めたという。当時のエース、天池陸も右のサイドスローだったこともあり、「自分も天池さんのように」と憧れを抱いた。

「神奈川の公立で甲子園に行くなら、県相しかないと思っていました。勉強は得意じゃないんですけど、モチベーションを上げるために、YouTubeで県相の応援をよく聴いていました。あと、朝の目覚ましに〝KEN SOUL〟をかけて、やる気を高めていました」

夏の大会中に志望校を聞くと、「筑波大で野球がやりたい」と話していたが、見事にその目標を実現した。

ＫＥＮ ＳＯＵＬとは、県相模原のチャンステーマだ。10年ほど前、グラウンドで練習をしていると、音楽室からノリのいいメロディが聴こえてきて、そばにいた女子マネージャーと「この曲いいじゃん！　お願いして、応援に使ってもらおう！」という偶然の出合いがきっかけになっている。群馬や栃木に伝わる民謡・八木節を、吹奏楽部の先生が編曲し、野球応援に加えてくれた。

神奈川の強豪私学にはどこも、多くの人が知るような定番の応援歌がある。「県相＝ＫＥＮ ＳＯＵＬ」と認知してもらうことによって、スタンドの応援を味方に付けることもできる。実際、２０１９年の準々決勝の横浜戦では、「県相の応援が素晴らしい」とインターネットで話題になった。

佐相監督の口癖は「束になって戦う」。野球部、学校、保護者、ＯＢ、すべての力を結集して、束になることで私学に挑む。吹奏楽部の応援ももちろん、そのひとつだ。

「束になったときは、見えない力が働くのが高校生のすごいところです」

打ち勝つ野球を掲げる指揮官にとって、新基準バットに変わることはどう見ているか。

「今までのバットよりも技術が大事になってくる。芯で捉える技術を持ったチームが勝つ。少し後ろヒジの使い方を変えて、新しいバットでも長打を打てる技術を教えています」

打撃指導にこだわりを持つ佐相監督だからこそ、新基準バットによるバッティングに注目が集まる。

――甲子園は見えていますか？

「見えている。見えているから、こうして監督を続けている。桐蔭や横浜に勝ったときのような快感を一度味わうと、またそれを味わいたいと思うもの。もし、自分に力がないことがわかっていれば、もうとっくに辞めています。『まだやるの?』と思われるのだけはイヤなので」

甲子園の可能性を感じているからこそ、監督を続けている。

近年は、コロナ禍で練習に制限がかかった影響もあってか、なかなか思うような結果を出せていなかった。それだけ、練習で技術と体と心を鍛えてきたと言える。今は制限もなくなり、かつてと同じ状況に戻った。

「打撃はある程度作れる自信はあるので、あとは投手陣の底上げ。2019年も、エースの天池が準決勝のときはさすがにへばっていました。もうひとり育てることができれば、準決勝の東海大相模戦ももっといい勝負ができたと思います(7回まで2対4と食らいつくも、2対11の8回コールド負け)。優勝するには、もう一回り、二回り、成長が必要です」

そのためには、どんな取り組みがカギになるか。

「おれの〝しつこさ〟かな。練習時間が短いので(平日は2時間程度)、どうしても効率化を優先してしまう。そのバランスが難しい。練習時間を増やすことはできないので、取り組みの質をさらに高めて、技術を定着させていきたい」

2024年の新入生は、マネージャーを含めて22名。強豪硬式クラブの四番など、「楽しみな選手が多い」と表情が緩む。

「頼って入学してくれる選手がいることが、一番嬉しいですよ」

最後の最後まで、佐相監督は選手とともに甲子園出場のロマンを追い続ける。

CHAPTER
13

横浜清陵

野原慎太郎

監督

**目指すは『心あるチーム』
やればできるという
成功体験を味わわせたい**

東海大相模の控え投手として、門馬敬治監督のもと高3春にセンバツ優勝を経験した野原慎太郎監督。大師を率いて、2015年夏、2017年夏にベスト16に入ると、2020年に異動した横浜清陵では2021年夏にベスト8進出。「『公立意識』は負けの言い訳づくり」と語り、公立・私立を意識することなく、野球で勝つことに力を入れる。目標は甲子園出場の先にある、甲子園での勝利だ。

	秋		春		夏	
2021	地	地区予選	県	2回戦	県	ベスト8
2022	県	2回戦	県	2回戦	県	1回戦
2023	県	3回戦	県	3回戦	県	2回戦
2024	県	3回戦				

＊野原監督の指揮は
2020年秋（表では2021年秋）〜2021年夏
2022年秋（表では2023年秋）〜現在
県＝県大会
秋春夏を1シーズンと考えて、秋のシーズンは翌年に入れています

PROFILE
野原慎太郎（のはら・しんたろう）

1982年8月25日生まれ、大阪府豊中市出身。東海大相模－横浜国大。高校3年春にセンバツ優勝を経験。横浜国大の大学院を経て、2007年から岸根に赴任し、2012年に大師に異動。2015年夏、2016年春、2017年夏とベスト16入りを果たした。2020年春から横浜清陵に移り、同年夏の新チームから監督。2021年夏に自身初のベスト8進出。家庭科の教諭を務める。

目標は甲子園の舞台で勝つこと

2023年夏の神奈川大会決勝、横浜清陵の野原慎太郎監督は、横浜スタジアムの外野席から慶應義塾対横浜の激闘を見ていた。横浜の村田浩明監督とは15年近い付き合いがあり、村田監督が白山の監督を務めていたときは、1年に何度も練習試合を組んでいた。横浜から監督のオファーがあったときには、相談にも乗っていた仲だ。

「決勝の舞台で戦いたいと思いながら、試合を見ていました。ただ、決勝までの距離はだいぶ感じました。頭の中で、うちの選手を打席に立たせたり、投げさせたりしたのですが……。慶應も横浜も強かったですね」

——心が折れなかったですか？

「今はいきなり先を見ないで、自分たちのチームを成長させていくことを第一に考えています。まずはそこが大事。それに、どんな強豪でも1試合ずつ分析していけば、戦い方が見えてくることもある。ひとつひとつです」

選手たちは、横浜スタジアムの球場補助員として大会運営に関わっていたため、グラウンドレベルで、本気で日本一を目指す強豪校の熱を感じることができた。

野原監督は東海大相模でセンバツ優勝を経験したあと、横浜国大では授業の面白さに惹かれたことをきっかけに家庭科の教員免許を取得し、硬式野球部でもプレー。横浜国大の大学院を経て、2007年から県立高校の教員に就き、岸根、大師を経て、横浜清陵が3校目となる。

大師では2015年夏に接戦を4試合連続で勝ち切り、ベスト16進出。日大藤沢に2対3の逆転負けを喫したが、山本秀明監督は「野原先生が作るチームは面倒くさい。門馬（敬治）さんのDNAが流れているから」と、独特の表現でその指導力を認める。2016年春の3回戦で横浜創学館を破り、夏の第三シードを獲得すると、2017年夏には桐蔭学園を1点差で下すなど、ベスト16入りを果たした。

2020年に横浜清陵に異動し、その年の新チームから監督を務めている。

「最初の代の目標は『神奈川制覇』でした。ひとりひとりにいろんな目標があった中で、選手たちが3カ月かけて話し合ったすえに決まった目標です」

翌2021年夏には、4回戦で横浜商を破るなどして、自身初のベスト8入りを果たすも、準々決勝では慶應義塾に3対15と圧倒され、またも強豪のカベに跳ね返されることになった。

「上に行かなければ、見えてこないものがたくさんあります。慶應に負けたときは、『ここからまだあと3つもあるのか……』と正直思いました」

準々決勝以降の余力に、大きな違いを感じる敗戦だった。

今、横浜清陵の目標は「甲子園で勝つ」。見据えるステージがひとつ上がった。

2022年夏の新チームが始まるときに、選手から「甲子園」という言葉が共通のキーワードとして出るようになったという。

「目標の手前で負ける事例として、『W杯出場』を目標にしていたサッカー日本代表の『ドーハの悲劇』（1993年アジア地区最終予選の最終戦で引き分けに終わり、W杯初出場を逃す）を特集したテレビ番組を見せました。そのうえで、大谷翔平投手（ドジャース）が花巻東時代に163キロを目標にトレーニングを重ねた結果、160キロを記録した映像を見せるなどして、絶対に達成したい目標より少し高い目標を設定する大切さを伝えていきました。『120パーセント目標の原則』と呼んでいます。目標が〝甲子園出場〟であれば、その手前で負けることが多い。こうした話をする中で、選手たちから出てきたのが〝甲子園で勝つ〟。よく言葉にしたなと思います」

野原監督の想いも同じだ。

「ぼく自身も、甲子園で勝つことを目指してやっています。やるからには、上を目指したい。それに、『甲子園』と口に出さなければ、いつまで経っても見えてこない。神奈川では、希望ケ丘が勝って以来、70年以上、県立は優勝していませんよね。そう考えると、誰もやっていないのともう同じようなものです。そこに挑戦できるのが面白い。県立のほかの先生が先に優勝したら、めちゃくちゃ悔しいと思います」

近年の取り組みが評判を呼び、練習見学に来る中学3年生が増えている。一昨年、昨年と、100名近い中学生が来たが、必ず伝えていることがある。

「うちは甲子園で勝つことを目標にやっている。野球の技量以上に、高い志を持った生徒と一緒にやりたいと思っています」

中学生には、「必ず2校以上、練習を見学してください。そのうえで、どこでやりたいかを決めてほしい」とお願いしている。他校も見たうえで、「県立で本気で甲子園を目指したい」と覚悟を持った選手が集まり、現在はマネージャーを含めて、三学年で51名の部員がいる。

優勝にふさわしいチームになる

前任の大師のときから、グラウンドには意識改革を促す、さまざまな格言を貼っている。変わらずにあるのが、この言葉だ。

『「公立」「私立」意識の禁止』

・「公立意識」は負けの言い訳づくり
(自分たちを過小評価し、可能性を限定しているだけ)
・「私立意識」は相手を見上げるだけ
(試合をする前から負けている)
神奈川の異常な「公立意識」は、負け犬根性の象徴。野球は私立だから勝つのではなく、「いい投手」「いい野手」「いい裏方」がいるから勝つ。自分がそれになるだけのこと。付加価値は不要。野球をやれ。

こんなにストレートな言葉もなかなかないだろう。言うまでもなく、試合の勝敗は野球の力で争う。私立だから勝つわけではなく、公立だから負けるわけでもない。

個々の能力を上げるために、たとえばスイングスピードであれば、「A評価＝145キロ以上」「B評価＝140～144キロ」「C評価＝135～139キロ」「D評価＝130～134キロ」「E

評価＝129キロ以下」と、全国クラスとの比較をわかりやすい数字で示している。

さらに、横浜清陵に赴任してから、新たに加えたのがこの言葉である。

『なる前になれ』

優勝したければ、優勝にふさわしいチームになれ
優勝したければ、優勝するチームのようにふるまえ

「〝甲子園〟をあえて口に出す理由のひとつがこれです。『優勝したことがないから、勝ち方がわかりません』『〝甲子園〟では一生、甲子園に行けない。甲子園に3年間出ていない学校は、どの学校も初出場と同じだと思っています。自分が高校時代にセンバツに出場したときは、東海大相模にとっては5年ぶりの甲子園でしたが、選手も監督も初めての甲子園で、全員が知らない場所に行く空気でした。甲子園に行ったことがないからといって、変に謙遜する必要もない。『優勝する前から、優勝するにふさわしいふるまいをすることが大事』と、伝えています」

大師のときもそうだったが、勝利したあとの行動に、チームが高い場所を目指していることが感じ取れる。2023年夏の1回戦で藤沢西を下したあと、応援席への挨拶を終えると、ベンチに戻る選手から、「次だ、次！」という言葉が何度も聞こえてきた。勝利の余韻に浸ることなく、次戦に向かうマインドができあがっている。

「実際は、帰りのバスで1分間だけ、喜んでいいことにしています。周りの人の目もありませんか

ら。だから、1分間は雄叫びを挙げながら、全力で喜んでいますよ。そのあとはもう次の試合の準備。これは、門馬さんの教えですけど、『勝ったところから負けが始まる』。本当にその通りだと思います」

コロナ禍を経験した世代だからこそ、深く濃い関係性を大事にする

「3分、3点いくぞ。盗塁は1回だけ。1分後にプレイボール」

2023年12月末、横浜清陵のグラウンドではあまり目にすることがない実戦練習が行われていた。制限時間の中で、決められた得点を巡り、攻防を重ねる。3アウトを取られても、時間が余っていれば、再びノーアウトから攻撃を始められるルールだ。ピッチングマシンを使い、攻撃側の選手がボールを入れ、目標の得点をクリアすることができれば、ずっと攻め続けることができる。

1分後のプレイボールに合わせて、攻撃側は打順を素早く決めて、どう攻めるかを話し合っていた。サインは自分たちで出す。野原監督はテニスの審判が使うような階段付きのイスに座り、ネット裏からプレーを見守った。

毎年やっている練習かと思いきや、この冬から取り入れたものだという。

「これは、守備側がしっかり守れないと練習にならないんです。守備力が上がってきて、土台ができてきたので、このタイミングで初めて入れました」

狙いはどこにあるか。

「相手との駆け引きや、勝負勘を養う。野球の一番面白いところだと思っています。時間内で得点を取るには、チームメイトと意見をすり合わせていかないといけない。ただ打つだけでは、点は入

らないので、どんどん会話をしてほしい。でも、時間制限があるので、ゆっくり話し合っている時間がない。そこで、思考のスピードや、考えを伝えるスピードを上げる狙いがあります」

この日は、ピッチングマシンをスライダーに設定していたが、曲がり幅が大きく、初見ではなかなか打ちにくい軌道になっていた。初球を見逃した選手に、「どういう曲がりか、軌道をすぐにチームメイトと共有しているのか？」と野原監督から声が飛んだ。そこから、打席を経験したバッターが、ベンチにいる仲間に軌道を伝えるようになっていた。

ひとりだけで頑張ろうとしても、目標は達成できない。極端に言えば、9人で同じ失敗を9回繰り返すことになりかねない。どうやって、短い時間の中で考えや感覚を共有していくか。

じつはこれは、野原監督が高校時代にやっていたメニューでもある。

「自分はピッチャーだったので、そのときは深い意味もわからずにやっていたんですけど、指導者になって門馬さんからいろいろ教わる中で、『相模のスピード感はこの練習からきているんだ』と思うようになりました。当時の相模は、頭で考えて動くのではなく、体が勝手に動くような動物的な速さがありました。スピードへの耐性がないと、そこにやられてしまう。練習試合や公式戦を経験させてもらったことで、肌で感じることができました」

まさに、「優勝するにふさわしいチーム」と表現できる。

初任の岸根を率いているときから、東海大相模のBチームと練習試合をしていた。大師の3年目、2014年5月6日に初めてBチームに勝ち、すぐに「勝ちました！」と泣きそうになりながら門馬監督に電話を入れた。前々から、「Bに勝ったら、Aとやらせてください！」とお願いしていたのだ。

翌月、「平日に相模原球場が取れたから、A戦をやるぞ」と連絡が入った。10点差以上の大敗だったが、恩師の心配りが何よりも嬉しかった。

恩師との公式戦での初対戦は2018年春の3回戦。0対8の完敗だった。後日、「よそ行きの野球をしていたな」と言われて、門馬監督のことを意識しすぎていたことに気づかされた。

時間設定の練習に話を戻すと……、2分2点、1分1点など、状況が逐一変わっていった。攻防が終わるたびに、「今から2分間、ミーティング。良かった点や悪かった点を確認して」と、野原監督から指示が飛んだ。

すべてに制限時間を設ける。だらだらと話していたら、あっという間に2分が過ぎる。

「短い時間の中で考えを出し合って、まとめて、次に移る。その訓練です。試合中の円陣や伝令にもつながっていくことです」

中心選手ばかりが発言していると、「ほかの選手はただ聞いているだけ？　何か感じたことはないのか？」と厳しい指摘が入った。

野原監督が伝えているのは「10割の答えなんて求めてない。7割の考えでもいいから発信をしなさい」ということだ。正解を言おうとする必要はまったくない。

「今の高校生は、中学生のときにコロナ禍を経験し、〝密にならないように〟と言われて育ってきた世代です。マスクをして喋るのが当たり前。コミュニケーションも、スマホを介すことが増えています。だからこそ、こうやって顔を突き合わせて、感情や表情、空気や間合いを感じながら、話し合うことはすごく大事だと思います。人が集まれば、面倒なこともトラブルも出てきますけど、それこそがチームスポーツの面白いところであり、学校のいいところ。オンラインとはまた違ったことを学べる場所です」

野球部の目標は『甲子園で勝つ』であるが、目的は『人間性の向上』『生涯の仲間を作る』と定めている。

「人間関係を深く、濃くしていきたい。一生付き合えるような仲間を、ひとりでもいいので作ってほしい。勝ち負けも大事ですけど、それも同じように大事にしています」

学校があるときの昼食は、野球部で集まり、野球談義をしながら食べるのが習慣になっている。深く濃い親密な関係性があってこそ、気持ちをひとつにして戦うことができる。

恩師や仲間の言葉に支えられた空白の1年

横浜清陵に移り、今年が4年目となるが、じつは空白の1年がある。

厳しい声かけなどの不適切な指導によって、日本高野連から2021年9月から3カ月間の謹慎処分を受けた。処分が解けたあとも、2022年の夏までグラウンドから離れていた時期がある。

「今まで以上に想像力を働かせて、生徒の気持ちをより考えるようになりました。叱ったときもそのままにしないで、その日のうちに電話をかけるなどフォローを入れる。自分にとって、大きな1年間でした。ちょうど40歳になる年で、その先の人生まで考えました。このまま、教員を続けていいのか。指導者としてグラウンドに戻っていいのか。たくさん悩んで考えたすえに出た結論は、『途中で投げ出して、自分に負けるのだけはやめよう』。好きで始めた野球に対して、劣等感というか、『できなかった……』で終わりたくなかったんです」

気持ちが落ちそうになったときも、何度もある。そんなときに大きな支えになったのが、恩師の存在だった。

「この期間、週1回、門馬さんが電話をくれました。それも朝6時ぐらいにかかってきて、『おはよう、生きてるか？　元気か？』って。『はい、生きてます』と言ったら、『じゃあな。生きてりゃいいんだよ』って。お説教をされるわけでも、励まされるわけでもないんですけど、どんな言葉でも表せない、温かさを感じました」

グラウンドに復帰する日の朝にも、「今日からか、いつも通りにやれよ。堂々とやれよ」と電話があった。

門馬監督は、2022年の夏から指導の場を岡山に移したが、節目での連絡は欠かさない。近いうちに、創志学園への遠征を実現させたい野望も持っている。

もうひとり、4つ下の後輩指導者からも力をもらった。横浜を率いる村田監督だ。

「2021年の年末、横浜高校の練習が最終日のときに、『野原さん、夜に焼き鳥行きましょうよ』と連絡がありました。いろんな悩みを真剣に聞いてくれて、『絶対に戻って来てくださいよ！』『辞めるなんて許しませんよ！』と熱い言葉をくれました。何より、誘ってくれたその気持ちが本当に嬉しくて。村田くんは人情派で、人の心を掴むのがうまい。横浜に行っても、根本のところはまったく変わっていません」

名前を挙げたのは2人であるが、「野原先生のためなら」と、遠方から教えにきてくれる指導者仲間が多く、たくさんの人に支えられている。もちろん、横浜清陵でともに戦う部長の佐藤幸太先生や大代忠利先生、野原監督がお願いしてスタッフに加わってくれた三浦陽輔先生や高橋伸行先生、齊藤真人トレーナーの存在も大きく、心強い。

「『勝って恩返し』とよく言われるんですけど、本当にいろんな人のためにも勝ちたいです」

村田監督とは、まだ公式戦で当たったことがない。門馬監督と公式戦で当たるとしたら、甲子園か明治神宮大会。その日が来るまで、監督は辞められない。

目指すのは人を大事にする「心あるチーム」

2024年に入ってから、新たな取り組みを始めている。選手たちに、部活動の運営を任せるようになり、野原監督はアドバイスを送る立場に回った。

「うちの学校は真面目な生徒が多く、言われたことはしっかりとできます。ただ、指導者の目を見ながら野球をやるような選手がいるのも実情です。もっと能動的な人間でなければ、ここから上には行けない。今までのやり方では今までと同じ成果しか得られないので、部のルールや練習メニューを考えさせるようにしています。うまくいかないこともありますけど、指導者と選手が対等に話せるようになって、ぼく自身も彼らから学ぶことが増えています」

学校全体の部活動の責任者を任される立場になり、今年3月には大阪で開催された『日本部活動学会』に初めて参加した。「本来の部活動の意義とは何か?」を深く考え、学び直している。

「一言でわかりやすく表現すると、求めるところは『自治』です。『甲子園で勝つ』という目標に向かって、自分たちでチームを作って、自分たちで運営していく。今までは〝教える側〟と〝教わる側〟の立場だったんですけど、それを見直すようになってから、一緒に目標・目的に向かっていく同志に近づき、チームがすごい速さで成長しているのを感じています」

3月中旬の地区予選では、3年生25名を全員メンバーに入れて、3年生だけで戦った。下級生にレギュラー格の選手もいたが、あえてオール3年生で挑んだ。

「『自分が試合に出て活躍したい』という気持ちは誰もが持っているはずです。なぜ毎日練習しているかと言えば、そのため。たとえ活躍できなかったとしても、公式戦の舞台に立つことができれば、その後の練習への取り組みもまた変わってくる。全員に『〝部活動をやって良かった〟と思って、卒業してもらいたい』と、今まで以上に思うようになりました」

監督主導ですべてを進めたわけではなく、あらかじめ、主将や副主将に「オール3年生でいく案を思いついたんだけど、どう思う?」と意見を求めた。「やりたいです!」という返事のあとに、「入れるからには、公式戦に出たことがない選手も必ず、25人全員を試合に出すよ。フォアボールで崩れるかもしれないし、エラーが出るかもしれない。お前らでカバーできるのか?」と確認をした。その後、3年生でミーティングを開き、「3年生だけでやらせてください」と意見をまとめてきた経緯がある。

指導の現場に復帰して以降、「何かを決定するときは、リーダーや学年全員に話をして、全員が納得してから組織を進めていく。少数派、反対派の意見も聞き、多数決は絶対に使わない。『納得』『合意』『妥協点を見つける』を心がけています」と語る。

代打で初めてヒットを打った選手もいれば、守備のエラーですぐに交代した選手もいた。25名全員が出場し、公式戦の緊張感の中で、3試合すべて無失点で勝ち抜いた。今まで試合に出ていなかった選手には、「自分が勝敗を背負うような怖さや緊張感をイメージして、練習していたか？」と声をかけた。公式戦に出場しなければ、経験できないことが絶対にある。

昨年からチームで掲げている野球のスローガンが、『全員攻撃　全員守備』だ。そして、チームとしてのスローガンは『目配り　気配り　心あるチーム』。みんながひとつになって、1球、ワンプレーに集中する。試合に出る人数は限られるが、ベンチでもスタンドでもできることはある。

「レギュラーとかメンバー外とか、野球の技術面が要因となる人間関係の優劣をなくしていきたい。それもあって、25人全員にプレーしてほしかったんです。昨年の夏もいろんな声がありましたが、3年生16人を全員ベンチに入れました。うちが目指しているのは『心あるチーム』。とにかく、人を大事にして、生涯付き合える仲間を作ってほしい。

ぼくの経験上、高校時代に得た価値観は非常に大きなもので、大人になっても影響するものだと思います。自分の場合は、控えを大事にしてくれる監督とメンバーに恵まれ、最後の夏にベンチは外れましたが、高い帰属意識を持って、野球や仲間のことが好きなまま、現役を終われました。自分がしてもらってことを返すつもりで、今やっています。高校の指導者が、レギュラーだけを優遇するようなことをしていたら、そういう価値観を持って、社会に出てしまうかもしれない。40歳を過ぎてから、そんなことを考えるようになりました」

また、こんな表現を使って、野球部で活動することの意義を語る。

「劣等感を持って、好きな野球を終えてほしくないと思っています。やればできるという成功体験を、野球部を通して味わわせたい。『努力には意味がある』という価値観を持った高校生を社会に送り出すことが、指導者としての使命だと考えています」

今は他校との差よりも、「自分のチームをいかに良くするか」にベクトルが向いているという。日々、一歩ずつでも階段を上がることができれば、おのずと頂上は近づいてくる。

ベスト8からの山が高いことは十分にわかっている。70年以上成し遂げられていない偉業だからこそ、挑み甲斐がある。優勝するにふさわしいチームを、選手とともに作り上げていく。

CHAPTER 14

川和

平野太一

監督

「どうせ無理」をなくす
未到への挑戦
―県立から甲子園―

初任の津久井浜で2012年夏にベスト16入りを果たすと、瀬谷では2016年夏の3回戦で東海大相模と6対7の大熱戦を演じた平野太一監督。横浜国大の大学院で2年間学んだあと、2022年から川和に異動し、2023年1月から監督を務める。「希望や期待こそが、人が生きるエネルギー」と心の底から湧き出る想いを大切にしながら、「県立高校からの甲子園出場」に挑む。

	秋		春		夏	
2023			県	3回戦	県	3回戦
2024	県	3回戦				

県＝県大会
秋春夏を1シーズンと考えて、秋のシーズンは翌年に入れています

PROFILE
平野太一（ひらの・たいち）

1985年5月23日生まれ、大分県別府市出身。別府鶴見丘－川崎医療福祉大。現役時代は内野手。大学3年秋には中国地区大学野球連盟一部リーグで、首位打者を獲得し、ベストナイン（三塁手）を受賞した。初任の津久井浜では夏の大会でベスト16入り。瀬谷を経て、2022年春から川和に赴任。座右の銘は、大学入試時に母親からもらった『人間万事塞翁が馬』。

「どうせ無理」をなくし、「県立からの甲子園出場」に挑戦

平野太一監督が作成した『神奈川県立川和高等学校硬式野球部パンフレット』。その表紙を開くと、すぐに目に飛び込んでくるのが「指導理念」と「目標」だ。このページを読むだけで、どんな指導者で、何を目指し、どんな野球部を作りたいのか、その想いを感じ取ることができる。一部を抜粋して、紹介したい。

■指導理念

「どうせ無理」をなくし、大志に挑戦する人材を育てる
―可能性を信じ、希望を持って生きる人であれ―

人間は大人になるにつれ、物事を打算的に考え、大志を抱けなくなってしまいがちだと思います。野球をする多くの子どもたちは、「甲子園に行きたい」「ホームランを○本打ちたい」「150キロの球を投げたい」と思っている（た）と思います。けれど、いつしか今の自分と周囲を比較して「無理だ」と考え、自信がなくなっていく。周りも、「どうせ無理だ」と言ってくる。そうやって、子どもの頃に抱けていた大志が、思い描けなくなっていくのだと思います。

「高校野球を通じて、本当に自分が果たしたいことに正直に挑戦すること」。

この挑戦こそ、世の中を逞しく生き抜いていく力や、新たなものを生み出すパイオニア精神を育む教育だと信じています。人間の可能性を信じ、希望を持って生きていく人こそ、本校の教育理念

のひとつである「次世代を担うリーダー育成」であると考えます。

■目標

「自分が心から挑戦したくなるもの」（挑戦）
「想像するとエネルギーが込み上がってくるもの」（本気）
「自分が成せるかどうかギリギリと思えるもの」（成長）

川和高校ではチームでひとつの結果目標を掲げるだけでなく、各部員が「自分のエネルギーが込み上がり、心から挑戦したい目標」も設定しています。「それではチームがひとつにならないのでは？」と思われがちですが、決してそんなことはありません。むしろ逆です。自分の心からの目標だからこそ、個人とチームに大きなエネルギーを生み出します。

ただし、目標設定には3つの条件があります（＊右記の「挑戦」「本気」「成長」）。チームは同じ方向に進む「船」であり、部員はその船に乗った「仲間」です。それぞれが掲げた目標を尊重し合い、同じ方向に全員で一生懸命に漕ぎ進めることで大きなエネルギーを生み出し、それぞれの目的を果たすと信じています。

監督である私は、「どうせ無理」をなくし、大志を果たすために、「県立高校からの甲子園出場」に挑戦します。

未来に希望があるからこそワクワクできる

大分の県立別府鶴見丘高校から、岡山の川崎医療福祉大に進み、卒業後に神奈川の県立高校の教員に就いた。社会に出るまで神奈川とは縁もゆかりもない生活を送っていたが、あえて、教員採用試験を受けたのには明確な理由がある。

「大分と神奈川の採用試験を受けました。神奈川の高校野球熱が高いことは知っていたので、指導者をやるのであれば、地元か神奈川のどちらかだと考えていました」

当時、地元・大分の体育科の採用枠はわずかに1。100倍近い競争率で合格には至らなかったが、神奈川の採用試験には見事に合格した。川崎医療福祉大から現役で合格したのは、平野監督が初めてだったという。

津久井浜では就任5年目、2012年夏にベスト16を経験し、瀬谷では2016年夏に東海大相模を1点差まで追い詰めた。同じ大分出身で、尊敬する生田勉監督（当時）が率いる亜細亜大の野球に魅了され、瀬谷のユニホームを亜細亜大そっくりのデザインに変えたのも2016年だ。自ら生田監督のもとを訪ね、承諾を得た。

2022年に県内屈指の進学校である川和に異動し、2023年1月から指揮を執る。平野監督の理念に共感した人たちが、新たにスタッフに加わり、目標に向かって船を漕ぎ進めている。その中のひとりに、瀬谷時代の教え子である齋藤虎太朗コーチがいる。東海大相模と激闘を演じたときのキャプテンだ。

「平野先生、ぼくらの頃と比べると、だいぶ変わったと思います。当時は、『甲子園に行くぞ!』というエネルギーを思い切り叩きつける感じで、そのエネルギーに着いて行けずに苦しむ選手もいました。今はひとりひとりの想いを尊重して、うまくやる気にさせながら、『こういうことができるなら甲子園を目指せるかもしれない』という教え方をしています」

この話を平野監督に振ると、「そうかもしれないですね」と頷いた。

「初任の津久井浜では、『どうせやるなら甲子園だ!』と自ら引っ張る感じで、瀬谷では選手たちが『目標は甲子園!』と言わざるを得ない空気を、ぼくが作り上げていたと思います。いろいろな経験をしていく中で、今は心の内側から湧き出てくる感情を大事にするようになって、人それぞれの目標があっていいと思うようになりました。指導者のエネルギーは絶対に大事ですけど、指導者に言われされているような目標では、本物ではないですからね」

2023年秋、県大会3回戦で藤沢翔陵に2対6で敗戦。その後のミーティングで、平野監督が若い頃から学んできた原田隆史氏（元中学校教員/株式会社原田教育研究所代表取締役社長）が発案した『オープンウインドウ64』を活用しながら、「どんなチーム、どんな自分になりたいのか?」を話し合った。

「日本一が1割、甲子園出場が6割、残りの3割が打倒私学、川和史上最高成績（県ベスト4）という割合でした。『勝ちたい、成長したい』という方向性はみんな同じ。ぼく自身が伝えたのは、『甲子園に行きたい! 〝けど、無理だよな……〟と思うこともあるよな。でも、〝けど、以降はちょっと置いておこう。そこを何とかしようとするのが青春じゃないの?〟』と言いました」

「どうせ無理」と思っていたら、人生は何も動き出さない。

「人が何かをやろうと思うときには、エネルギーが絶対に必要になります。このエネルギーの源は、希望や期待や可能性。それを感じているから、目標にチャレンジすることができる。青臭い言い方ですけど、未来に希望がある状態が一番ワクワクできると思っています。学生時代にその希望を掲げられなければ、一生涯、ロマンを語ることなんてできない。ぼくが教員として感じるやりがいのひとつは、生徒とともにロマンを語り合えることです」

青春ドラマのようなセリフをズバッと言う。これこそが平野監督の魅力だ。

東海大相模戦で効果を発揮した160キロ対策

平野監督自身の目標は「県立高校からの甲子園出場」。

可能性を感じているからこそ、言葉にしている。

今の川和が、横浜や東海大相模に勝つとすれば、どんな野球が必要になるか。

「甘い発想であれば、『それは甘いですよ！』とぜひ指摘していただきたいですが、正攻法で勝つことしか考えていません。普通に、野球で勝つ。たとえば、横浜高校のエースが150キロのストレートを投げるのなら、それを打てなければ勝てないのは明らかです。守備は、私学のレベルを考えて、内野ゴロでは4．0秒以内にファーストでアウトを取る、一塁走者の帰塁は1．0秒以内で戻るなど、すべて基準のタイムを設定して、練習しています」

奇策も何もない。考えていることはシンプルだ。

2016年夏は、東海大相模の北村朋也を中心とした投手陣を打ち込むために、体感速度160キロのストレートを打ち込んだ。

「〝速いな〟と思った時点でもう負けだと思います。相模との試合では、初回の先頭打者がストレートをセンターライナー。ベンチに帰ってきたときに、『練習よりも遅い』と言っていました」

バッテリー間18．44メートルの距離で、160キロのストレートが投げ込まれた場合、キャッチャーミットへの到達時間はおよそ0．41秒。ほぼ、予測と反応で打たなければいけない。

「実際はピッチャーのリリースポイントから、打者のミートポイントでの到達時間を考えなければいけないと思っています。そう考えると、距離は18．44メートルではなく、約15メートル。そこから140キロのピッチングマシンを打つと、ミートポイントまでだいたい0．41秒。体感で160キロになる。そういうことを考えながら、スピード対策をしています」

と、言葉で言うのは簡単だが、最初はバットに当てることが難しい。

「大事なのは、自分のタイミングを捨てることです。簡単に言えば、リリースしてから振り出そうとしているうちは、130キロ台までしか対応できません。そうではなくて、振りに行きながら見逃し、振りに行きながら打つ。あとは、目付けを高めに設定しておく。高いところから低いところであれば対応できますが、低めから高めになると対応できなくなります」

重力を生かして、バットの落下を使える、という理屈だ。

川和では、バッテリー間9メートルで100キロ～105キロのボールを打つ練習を繰り返している。

そして、言うまでもなくフィジカル強化も重要になる。食事面は清水さやか管理栄養士からマンツーマンで助言をもらいながら、徐脂肪体重のアップに努め、身体面では藤嶺藤沢や金港クラブでプレーした小池健太トレーナーから指導を受ける。

「津久井浜で初めてベスト16に行ったとき、横浜商大には完全に力負けをしました（1対9の8回コールド負け）。そこまでは何とか粘り強い野球で勝てましたが、それだけでは5回戦以降は勝負ができない。大会中に体重も落ちていました。フィジカルの重要性を痛感した試合でした」

前任の瀬谷でもトレーニングに力を入れていたが、川和に移ってからはさらに取り組みを発展させている。

「さまざまな数字を定期的に計測するようにしています。以前、大学のセレクションに生徒を連れて行ったときに、さまざまな測定をしていて、自然に緊張感が生まれていました。それを毎日のトレーニングに落とし込むことができたら、最高の練習になるんじゃないか。そう思ったのがきっかけです」

10メートル走、30メートル走、立ち幅跳び、メディシンスロー、スイングスピードなどを計測して、部員が見えるところに数字を貼り出している。

「進学校だから、と言うわけではないと思いますが、数字が伸びていることで、自分たちの成長を実感できて、それが自信につながっていく。徐脂肪体重も含めて、どの数字も確実に伸びています。何の根拠もない中で、目標だけを掲げても、なかなか響いていかないですね」

昨年11月の練習試合では、福島の強豪・聖光学院のAチームに競り勝ち、個々の成長を結果として実感することができた。

「斎藤（智也）先生から、『相手チームからこんなに勉強になったのは初めてだよ』とものすごく褒めていただきました。エネルギーを出して、元気を出して、全力で走る。シンプルに今できることを一生懸命にやった結果だったので、嬉しい言葉でした」

監督に必要なのは「厳しさ」と「思いやり」

2020年4月から2022年3月までは、瀬谷に籍を置きながら、横浜国立大の大学院（教育学研究科教育実践専攻教育デザインコース保健体育領域）に通った。

主な研究は、「高校野球選手が求める監督コンピテンシー」と「高校野球選手が自己調整学習を育むための監督コンピテンシー」。わかりやすく言えば、「選手は監督に何を求めているのか」、「主体的に学ぶ選手を育むためにはどんな指導が必要か」となる。かねてから興味があった分野で、悩んでいたところでもあった。

「大学院での学びは、間違いなく今に生きています。『コンピテンシー』は『資質』という意味で、目に見えず点数には表しにくい、つまりは非認知能力と同じような概念です。我慢強さや信頼や協調性など、選手が監督に求める資質とは何なのか。いろんな学校にアンケート調査やインタビューをお願いして、求める監督像を探していきました。結論として見えたのは、『厳しさと思いやりの両面がなければ、選手から信頼を得ることはない』ということです」

厳しさだけでも、思いやりだけでも足りず、昔風に言えば、「アメとムチ」となるだろうか。

「瀬谷のときと比べると、今は選手との信頼関係を築くことを指導の軸に置いています。選手のほうに歩み寄り……、かつてはそれが、自分自身の妥協だと思っていたんですけど、信頼関係がなければ何を言っても伝わらない。瀬谷のときは、こっちが正義を強く振りかざして、それが結果につながればいいという気持ちが強かったと思います」

瀬谷に赴任した頃から、横浜隼人の水谷哲也監督に公私ともにさまざまな助言をもらっている。水谷監督の魅力を聞くと、「最後は優しいところですね。懐が広くて、かっこいい。絶対に水谷先生にはなれないので、憧れるのはやめました」と笑う。

厳しさだけでは、人は付いてこない。それは、水谷監督からも感じていたことだった。

「ひとり残らず、みんなで同じ方向に進んでいきたい。脱落者というか、やっぱりこの仕事をやっていて、人が去っていくのが一番寂しいし、辛いんですよね」

大学院に進んでから、「主体性」の本質についても、深く考えるようになったという。

「『自己決定理論』という言葉は聞いたことありますか？　アメリカの心理学者のエドワード・デシとリチャード・ライアンが提唱したもので、『内発的モチベーション』につながる考え方です。自己決定するためには、基本的な心理欲求を満たす必要があり、それが『自律性』『有能感』『関係性』の3つ。このうちの何かが欠けていると、指導者がどんなにアプローチをしても、自らやろうという気持ちにはなかなかなれない、という話です」

自律性は、物事を主体的に決めていきたいという欲求。有能感は、「おれはできる。誰よりも優れている」という自分への期待。関係性は、「誰かのために頑張りたい。周りから関心を持たれている」

という周囲とのつながり、となる。

「この3つは、人間が本来持っている欲求で、それを指導者や周りの人が潰してしまっていることもある。大学院でこの話を聞いてから、自分の中ですごくしっくりきたというか、生徒と接するときに、冷静に見られるようになりました」

自律性、有能感、関係性の何が劣っているのか。それがわかれば、コミュニケーションの方法も変わってくる。「やる気を出せ！」と頭ごなしに怒鳴っても、選手の心にはまったく響かないことになる。表面上はやる気を出したふりをするかもしれないが、それは内発的なものではない。

川和での練習は、あらかじめ、「スイングスピードを上げたいときは、このドリルが効果的」と、メニューリストをいくつも作成し、選手が自分の長所・短所と照らし合わせながら、メニューを選べる時間を増やしている。「自分で決めていきたい」という自律性を尊重した、ひとつのアプローチ方法となる。

野球部の指導に命を懸け、時間を懸ける

前任の瀬谷では2019年の春の大会まで監督を務めた。川和に赴任し、4年ぶりに高校野球の監督に戻ってきたことになる。

「今、楽しいですか？」と聞くと、「どうなんですかね……」と数秒考えこんだ。「そりゃ、楽しいですよ」という言葉が返ってくると思っていたので、予想外の反応だった。

「こうやって、こういう取り組みをしたらチームが良くなる、という仮説を立てられたときは楽し

いんですよね。仮説が立てられなければ、希望なんて持てないじゃないですか。もう、雲の上を歩いているのと同じことなので。そういう意味での楽しさはあるんですけど、悩むことのほうが圧倒的に多い。あの叱り方で良かったのかなとか、あの言葉はあいつにちゃんと届いたのかなとか、明日練習に来てくれるかなとか、家に帰ってもずっと考えています。以前からそうだったんですけど、最近は特に気になるようになりました。正解がないのがわかっているからこそ、余計に悩みます。結局、どんな言葉を言っても、選手がどう受け止めるかによって正解は変わってくるので。だから、『楽しいです』とは簡単には言えないんですよね」

ひとりひとりの考えを尊重するようになったからこそ、悩みは尽きない。朝起きて、学校に向かう車の中では、さまざまなことを考えすぎて、〝苦しさ〟が勝ることも多いという。

「人の命って、時間だと思っています。『命を懸ける』という表現がありますけど、あれは、『時間を懸ける』と同じ意味だと思っていて、この野球の指導も、命を懸けて、時間を懸ける価値のあるものにしたいという気持ちを、ずっと持っています。〝一生懸命にやる〟というのも、それと同じ意味。その価値を感じられないのであれば、ぼくは部活を辞めて、家族に時間を懸けます。家族のことは大好きですから。子どもと遊んでいる時間は本当に楽しいですよ」

家では、パパのことが大好きな3歳と7歳の子どもと奥様が待っている。

家族に懸ける価値と同じだけのやりがいを、この野球部でも感じたい。今はそれを感じているからこそ、毎日グラウンドに向かう。

レフトの奥にある階段を下り、グラウンドに入るのがいつものルーティンで、そのときに必ず行っている儀式がある。

「グラウンドに一礼をしてから入るんですけど、『生徒たちに必ずエネルギーを与えます』と、『野球部を選んでくれて、ぼくを監督として認めてくれて、ありがとう』と心の中での決意表明をしています。ほかの部活の子が、『平野先生の礼が長い』と言っていたみたいですけど、どうしても長くなるんですよね」

命を懸け、時間を懸けなければ、「どうせ無理」を覆し、乗り越えることは絶対にできない。大人が大志を抱き、ロマンを語るからこそ、選手も高みを目指すようになる。

冬のトレーニング期間中に、選手主体のミーティングを繰り返し、春の大会に向かう前にひとつのスローガンを掲げた。

『未到への挑戦―神奈川最強―』。

未到には、「日本一」「県立高校から甲子園」「川和史上最高成績」「私学に惜敗する歴史を変える」と、ひとりひとりの想いが込められている。

同じ志を持った選手、スタッフとともに、新しい歴史を切り拓いていく。

CHAPTER 15

市ケ尾

菅澤悠

監督

求めるのは「目標に対する実行力」5回戦で本気の勝負こそ、甲子園出場と同じ価値

2022年春、2023年春と、2年連続で県大会ベスト16に勝ち進み、夏の第三シードを獲得した市ケ尾の菅澤悠監督。2023年夏は、5回戦で全国制覇を果たす慶應義塾に1対8で敗れたが、14年ぶりにベスト16に進出した。新チームの目標は「夏の5回戦で勝負できるチーム」。菅澤監督は「うちは甲子園を目指していません」とあえて公言している。

	秋		春		夏	
2020	県	3回戦	中止		県	3回戦
2021	地	地区予選	県	2回戦	県	2回戦
2022	県	2回戦	県	4回戦	県	4回戦
2023	県	2回戦	県	4回戦	県	5回戦
2024	県	3回戦				

県＝県大会
秋春夏を1シーズンと考えて、秋のシーズンは翌年に入れています

PROFILE

菅澤悠（すがさわ・ゆう）

1987年7月5日生まれ、神奈川県川崎市出身。荏田－中央大。高校時代はキャッチャー。大学では硬式の横浜金港クラブでプレーしながら、麻生ジャイアンツボーイズでコーチを務める。中央大で社会科の教員免許を取ったのち、筑波大で科目等履修生として体育科の免許を取得。向の岡工の監督を務め、2017年から市ケ尾で指揮。2022年春夏、2023年夏とベスト16に3度勝ち進んでいる。

目標は「夏の5回戦で勝負できるチーム」

「うちは甲子園を目指していません」

堂々と言い切る指導者は、そうはいないだろう。

「『甲子園出場』を目標にしながらも、それに見合った取り組みをしていないのを見ると、一番イライラします。だったら、『甲子園』を口にしないほうがいい。うちの場合は、入ってくる生徒の力、環境、学校の予算、さまざまなことを考えたときに、甲子園を狙うのは非現実的だと思っています」

就任7年目を迎えた菅澤悠監督。荏田高校から中央大に進み、大学時代は横浜金港クラブでプレーしながら、麻生ジャイアンツボーイズのコーチをしていた。中央大卒業後、体育の免許を取るために筑波大に1年通い、中央大4年時からの2年間は母校・荏田で学生監督を務めた。2009年春にはベスト16に勝ち進んだ実績もある。初任の向の岡工を経て、2017年から市ケ尾の監督を務めている。

市ケ尾では、2022年春にベスト16入りを果たし、創部初となる夏の第三シードを取ると、続く2023年春にもベスト16に進み、2年連続で第三シードを獲得した。同年夏は横須賀、城山、法政二と、難敵を次々と下し、学校としては2009年以来のベスト16進出を遂げた。

「指導者としてもっとも大事にしているのが、目標に対する取り組み方です。やるべきことをやれているかどうか。うちが『甲子園出場』を目標にすると、あまりに遠すぎて、努力の仕方がわからないと思います。こうなると、成功体験を得ることができない。持っている能力を最大限に伸ばした先に、たどり着ける目標はどこにあるか。それを常に考えています」

「甲子園を目指していない＝緩い取り組み」ということは、まったくない。

2024年の目標は、「夏の5回戦で勝負できるチームになる」。つまりは、甲子園を狙う強豪私学と本気で勝負をする。選手たちが立てた目標だ。

昨夏はベスト16に勝ち上がったが、5回戦で慶應義塾に1対8の7回コールド負けを喫した。

「まったく、勝負ができませんでした。4回戦が終わった時点で、主力2人が足を攣り、エースも球数が増え、勝つプランを立てることすらできませんでした。手詰まりの状態。ぼくの見通しが甘すぎた。想定以上に5回戦の壁は高く、慶應とうちではすべてのスピード感が違いました。あとは、5回戦に行くまでが大変で、そこでエネルギーを使い果たした感じがあります」

前チームの目標は「ベスト16で勝つ」。それでも、達成こそできなかったが、目標に向かう努力は見事なものがあったという。

「3年生の成功体験というか、自己実現力は最高のものがありました。大学入試もそれぞれの目標に向かって、よく努力をしていました。うちの部員たちは、3年生になると校内での立ち位置がどんどん上がっていきます。いろんなことに自信を持って、取り組めるようになる。周りも、『あの菅澤に鍛えられながら、よく頑張っているな』と見てくれるようになります（笑）。自分たちが『この目標を叶えたい』と思ったことに本気で取り組んで、苦しいことがありながらも試行錯誤を繰り返して、成功体験を重ねていく。だから、たとえ甲子園を目指さなくても、高校野球をやる意義は必ずある。うちにとっては、5回戦で本気の勝負をすることが、甲子園に出場するのと同じだけの価値があるということです」

夏の慶應義塾戦を終えたあと、3年生からは「マジできつかったです」と本音が漏れたという。

「理不尽な走り込みもなければ、練習も短く、19時には学校を出なくてはいけません。だから、練習でヘトヘトになることは少ない。でも、目標に向かってしっかり努力をしていないと、すぐにぼくから指摘が入ります。自分が決めた目標に対して、やるべきことを遂行できているのか。一番シンプルでかつ、一番難しいことを常に要求しています」

その取り組みで目標が達成できるのか？

苦しいときこそ、楽なほうに逃げてしまうのが、人間の性とも言える。そんな選手がいたときには、あえて厳しい言葉をかける。

「楽をすればするだけ、最後の夏に後悔するよ。自分の目標を達成するために、今やっていることが最善の選択なのか。お前はそれでいいと思っているかもしれないけど、おれは思わない。しんどいとかきついとかではなく、自分自身が成長できる選択をしたほうがいいんじゃないの？」

最終的に、やるかやらないかは自分次第。自ら厳しい道を選ぶ選手が増えれば、おのずとチームは強くなっていく。

菅澤監督が目標にするのは、福島の強豪・聖光学院の取り組みだという。

「毎年5月に、聖光学院の育成チームとオープン戦をさせてもらっています。育成チームと言っても、能力的にはうちの3年生と互角。聖光の子たちの野球に対する向き合い方や情熱が素晴らしく、かなりの刺激を受けています。若いコーチが、『チームを代表して出ているのに、何ひとつ示さないのか。だったら、ほかの選手でいいだろう！』みたいな言葉をかけていて、とにかく熱い。5月に聖光の野球に触れることで、夏に向かってチームが上がっていくのがわかります」

大会序盤を圧倒的に勝てる力を磨く

夏の5回戦で勝負できるチームになるには、どんな力が必要か。

「いかに余力を残して、5回戦まで勝ち上がれるかです。そのためには、フィジカルと技術を上げて、圧倒的なチーム力を付けること。3回戦まではコールドで勝ち、4回戦も得点差をつけて勝つ。5回戦でエースが万全の状態で臨み、私学と勝負をする。そこまでの絵は描いています」

昨夏の4回戦では、試合中にレギュラー2人が足を攣った。その話を聞いたときには、「次の夏に向けて、ランニングの量を増やすのでは？」と思ったが、そんな気持ちはまったくないという。

「練習量ではカバーできません。横浜の緒方くん（緒方漣／國學院大）でも、決勝で足を攣っていましたからね。あれだけ練習している横浜の選手が攣るということは、練習量では補えないということです。そもそも、うちは練習時間が短いので、量を増やすことは現実的ではありません」

冬から春にかけての手応えは、「見えてきた部分」と「足りない部分」の両方があるという。

「バッティングに関しては、水物ではありますが……、勝負できるところまできたかなと思うところはあります。新基準バットになっても、長打は出ています。うちはもともと、ミート力を上げるために、練習試合から反発力の低いBBCOR（Batted Ball Coefficient of Restitution／アメリカの学生が使う低反発バット）を使っていたので、バットが変わったところで違和感はありません」

「まだまだこれからの成長に期待」と語るのが投手陣だ。130キロ台後半のストレートが武器の古川太陽が軸となるが、投手陣全体で与四球が多く、それが失点につながっている。

5回戦で私学と勝負するには、投手陣の底上げが必須。就任した当初から、アメリカで使われている『ピッチスマート』をモデルに、市ケ尾向けにアレンジした「球数制限」を設けている。

●1～35球　休息0日
●36～50球　休息1日
●51～65球　休息2日
●66～80球　休息3日
●81～99球　休息4日
●100～120球　休息5日
＊公式戦のみ、＋15球とする

「自分自身が学生時代、球数を投げると、すぐにヒジが痛くなる選手でした。それもあって、連投は極力避けたいと考えていました。市ケ尾の監督になる前、阪長さんのセミナーでピッチスマートの存在を教えてもらい、それからチームに導入しています」

阪長さんとは、NPO法人「BBフューチャーズ」の理事長を務める阪長友仁氏のこと。2015年には「Liga Agresiva（リーガ・アグレシーバ）」という高校野球のリーグ戦を立ち上げ、市ケ尾もこれに参加している。ドミニカ共和国の選手育成システムに詳しく、菅澤監督も阪長氏の誘いを受けて、2018年の冬にドミニカを訪れている。

「ピッチスマートを取り入れたのは、投手陣の故障を予防することと、トーナメントで勝つことの両方の狙いがあります。ひとりで投げ切ることは絶対にできないチーム作りをしているので、必然的に投手陣が目標に向かって、頑張るようになります。ひとりひとりが、『ここでしっかり投げないと勝てない』という状況が必ず出てくる。ピッチスマートがなければ、シードは絶対に獲れていません」

2023年は木澤卓也がエース格の立場だったが、「堀川（爽馬）の成長がなければ、5回戦までは勝ち上がれなかった」と語る。

「堀川が2年生の夏、3回戦（対旭丘）の9回裏1点差の場面で、いいピッチングをしてくれました。ピッチスマートの関係で、堀川に託すしかない状況で、そこで1イニングをしっかり抑えてくれた。そういう経験をしながら、成長を遂げていくピッチャーが毎年出ています」

なお、2023年夏は5回戦を迎える前に、ピッチスマート上では木澤がもう投げられない状況となった。7月16日、4回戦の法政二戦で先発として106球を投じたため、4日間の休みが必要になったのだ。次の慶應義塾戦は2日後の18日に組まれていた。

「うちのルール上はもうアウトです。でも、言い方は悪いですが、次の相手が慶應であることを考えると、最後の試合になる可能性がある。木澤が『投げたい』と言うのであれば、まっさらなマウンドを用意してあげたい。1年夏から投げてくれていたので、最後にいい舞台を用意してやりたい。でも、こちらから無理をさせる気はない。それを伝えたうえで、試合当日の朝に、『1イニング投げさせてください』と言ってきたので、先発に送り出しました」

結果は1イニング3失点。ひとつのルールとして「ピッチスマート」を設けながらも、〝情〟や〝気持ち〟も大事にしている。

慶應義塾に敗れたあとの秋は、3回戦で横浜創学館に0対10の5回コールド負けを喫した。これには、投手起用の妙が絡んでいる。

「3回戦、4回戦が土日の連戦でした。一気に連勝してベスト8に入って、新しい歴史を作る。選手たちにもその気持ちがあったので、古川を3回戦の後ろから投げさせて、4回戦で先発させるプランでした。それが、3回戦の先発が序盤から崩れてしまって……」

――古川を3回戦の先発で使えば良かった……という悔いはないですか？

「それはないですね。夏の5回戦で勝負することを考えたら、軸となるピッチャーが3人は必要になる。チーム力のなさで負けた試合でした」

何とも、菅澤監督らしいコメントだった。

外部の専門家の力を最大限に活用する

指導者として転機になった年がある。

就任5年目の2021年夏、2回戦で上溝南に0対4で敗れたときだ。

「傲慢だったんですよね。自分ひとりでできると思っていました。でも、結果が出ない、勝てない。『これはもう、自分の指導力じゃ無理だな』と思いました」

外部の専門家の力を借りるしかない。阪長氏はじめ、先進的な取り組みをしている識者の話に興味を持ち、いろいろな考えを知りたいという欲求はもともと持っていた。そうでなければ、わざわざドミニカまで行くことはしないだろう。

「最初は、『強豪校のさまざまな取り組みを知りたい』という理由で、スポーツジャーナリストの氏原（英明）さんに、コンサルタント的な役割をお願いするようになりました。今も客観的な目で、さまざまなアドバイスをもらっています」

２０２１年の冬からは、ピッチングコーチにアメリカ独立リーグでのプレー経験を持つ長坂秀樹氏を招き、体の使い方から丁寧に指導を受けるようになった。さらに、打撃コーチには日大藤沢OBの吉田康行氏が就いた。

「長坂さんに教わってから、ピッチャー陣が成長しているのは間違いありません。バッティングは、吉田さんにお願いしてから、確実に打率が上がっています。胸郭リードで振り出して、最後にヘッドが加速するスイングで、低反発バットでも対応できているのは吉田さんのおかげです」

さらに、２０２２年4月からはストレングス＆コンディショニングトレーナーとして北澤岳久氏、同年12月からは４スタンス理論のマスター級ＲＥＡＳＨトレーナー・滝原一正氏に協力を得て、私学に勝つためのフィジカル強化に力を入れる。

栄養面は、毎年春に新入生とその保護者を集めて、元横浜・渡辺元智監督の長女であり、管理栄養士の資格を持つ渡辺元美さんを招き、栄養講習会を開いている。

「現在の3年生は、入学してからの2年間で平均体重が10キロ増えました。当然、体がなければ勝負にならない。自分で設定した目標体重に達していない選手は、グラウンドに出ずに補食を取ることもあります」

「どれだけお金がかかるの？」と思うが、すべては4000円の部費（月額）の中でやりくりしているという。もちろん、毎週指導をお願いすることはできないので、1カ月に1〜2回ほどになる。

「選手には、『教えてもらいます。上手くなりました。そんな都合のいい話はないよ』と伝えています。教えてもらったことを自分で理解して、日頃の練習でどれだけ意識を高くして取り組めるか。ぼく自身、手取り足取り教えることはなくなり、コーチの方から教わっていることをちゃんと実践できているか、よく見るようになりました」

かつては、1から10までメニューを組んでいたというが、今は〝ふわっ〟とさせているとのこと。自主練習の時間を多くして、課題に対する向き合い方を確認している。

卒業する3年生に贈る『GRIT』入りの記念ボール

夏の5回戦で本気の勝負を挑むために、菅澤監督自身も実践していることがある。選手たちに、「目標に対する実行力」を求めている以上、監督がジッと黙って見ているわけにはいかない。

「毎年、自分自身で3つ目標を決めています。今年は『ベンチプレスMAX115キロ』『選手がうまくなる空気を作る』『ベスト8まで勝ち上がるスピード感のある組織を作る』。ベンチプレスは今のMAXが105キロなので、なかなかきついんですけど、週2〜3日、朝のトレーニングを続けています」

「スピード感のある組織」に関しては、興味深いエピソードを教えてくれた。

「うちはいい子たちが多くて、のんびりしているんですよね。人間的にはいいかもしれないですけど、勝負事においてはマイナスになることもある。2022年春の地区予選、神奈川工のグラウンドで武相との試合がありました。うちのコールド負けだったんですけど、試合後にぼくらがベンチを片付けているときに、武相の選手はもうバスに乗り込んで、帰る準備ができていました。本当にあっという間。驚きました。ああいうスピード感でやらないといけないと、身に染みて感じました」

これをきっかけに、日頃の練習からスピード感をより意識するようになったという。マネージャーがストップウォッチを手に持ち、メニュー間の切り替えの時間を測るなど、「タイムマネジメント」を任されている。練習試合では攻守交替の時間を70秒に設定して、相手よりも先に主導権を握ることに力を入れる。

今年7月で37歳。同じ県立を率いる同世代の指導者から、たくさんの刺激を受けている。

「一番意識しているのは、藤沢清流の榎本正樹（監督）ですね。同じ学年で採用が一緒で、教科も同じ体育。初任者研修でも常に一緒でした。榎本が一昨年の夏にベスト8まで勝ち上がったときは、応援する気持ちと同時に、そんなに先まで行かないでくれよという気持ちがありました。嬉しいけど、悔しい。試合前日にLINEをしていたんですけど、『マジで頑張れよ。応援していないけど』と連絡していました（笑）」

榎本監督率いる藤沢清流は2022年春にベスト4に入ると、夏もベスト8まで勝ち上がり、旋風を巻き起こした。同級生としては嬉しいが、悔しい。これが、素直な気持ちだ。

「2つ上ですけど、川和の平野（太一）先生もすごいですよ。平野先生が津久井浜の最後の年に、初めて練習試合をやらせてもらって、次の瀬谷でも、川和に移ってからもやらせてもらっています。平野先生は学校を移るたびに、チームの作り方が変わっている感じを受けます。川和では、監督に就いてすぐの春の県大会で当たりましたが、もう〝平野イズム〟というか、チームとしての強いエネルギーを感じました。それこそ、聖光学院に近いものがあって、やっぱりすごい人です」

後輩では、希望ケ丘の平井雅俊監督の名が挙がった。学年は3つ下。2022年度まで、川崎北で部長を務めていた。

「初任の津久井高校のときから、練習試合をさせてもらっています。選手の面倒見がよくて、バイタリティーを持っている。そのときから、『絶対にチームを強くする』と思って見ていました」

こういう話を書くと、夏の大会で対戦するジンクスのようなものがあるが、それもまた指導者間の交流が深い神奈川の楽しみ方と言えるだろう。

今年の2月には、『大谷翔平選手のグローブを使って野球しようぜ！　キャッチボール教室』を主催し、学校のある青葉区の小学校を訪問する企画を立ち上げた。大谷翔平（ドジャース）から寄贈された3つのグラブを使って、小学生と一緒にキャッチボールで遊ぶ。4月までに計5回、小学校を訪問している。

「選手たちが、試合前の声出しの最後に、『おれたちがパイオニアだ！』みたいなことを言っているので、大谷選手のグラブに関しては、市ケ尾がパイオニアになろうという話をしました。グラブの使い方がわからない小学校があれば、いくらでも協力します。子どもたちと触れ合う中で、高校生にも学ぶことがあると思っています」

Twitter（現X）にも野球部の公式アカウントがあり、菅澤監督自身が積極的に発信。さまざまなことに感度が高く、考え方が柔軟で、常に新しい何かを探している。

座右の銘を聞くと、「どれだろうなぁ。大事にしているのは、『常に全力』『GRIT（グリット）』『毎日、自分史上最高』なんですけどね」と笑った。すべてをまとめると、「目標に向かって、ちゃんとやろうぜ！」となるだろうか。

毎年、野球部の卒業生には『GRIT』の文字を入れた記念のボールを贈るそう。わかりやすく訳せば、やり抜く力となる。

「目標に対して、どれだけ妥協せずに取り組めるか。大人でも難しいことを、ずっと要求しています。それができてこそ、夏の5回戦で勝負できるチームになると思います」

若い頃からお世話になっている、浜田雅弘監督（座間高校）からは、昨夏の大会前に「安定した力を出しているのはすごい。ここから、名前のある私学を倒せば、お前はまた変わるぞ」と声をかけてもらったという。

歴史を変える夏へ。やるべきことを日々積み重ねた先に、ベスト8の景色が見えてくる。

おわりに

新天地で狙う夏2度目の日本一

2023年8月23日、夏の甲子園決勝。慶應義塾が仙台育英を破り、107ぶりの全国制覇を成し遂げた日の夜、創志学園を率いる門馬敬治監督は、森林貴彦監督、赤松衡樹部長、そして2015年夏まで慶應義塾の監督を務めていた上田誠氏にそれぞれ、「日本一おめでとうございます」とメールを送った。

「嬉しかったですよ。神奈川の野球に携わったひとりの人間として、嬉しかったですね」

——門馬さんが、神奈川で学んだのはどんなことでしょうか。

「もうすべて。神奈川で過ごした時間、出会い、すべてが自分の財産になっています。特に、横浜高校の渡辺先生からは勝負の厳しさを、とことん教わりました」

慶應義塾の前に、神奈川代表として夏の甲子園を制したのが門馬監督だった。

2015年夏、神奈川大会の決勝では、この年限りでの勇退を発表していた渡辺元智監督率いる横浜を破り、試合後には、「神奈川のために野球をやってこい」と熱いメッセージを送られた。神奈川は強くなければならない。

甲子園でも強さを存分に発揮し、45年ぶり2度目の日本一を達成。前年5月29日に病気でなくなった恩師・原貢監督のことを思いながら、空を見上げて、大粒の涙を流していた。

その後、２０１９年春から２０２１年春まで神奈川大会を6季連続で制し、２０２１年春には自身3度目となるセンバツ優勝。しばらくは、東海大相模の黄金期が続くものと思っていたが、人生は何があるかわからない。

さまざまな事情が重なり、２０２１年夏の神奈川大会をもって、東海大相模の監督を退任。春夏連覇がかかっていた最後の夏は、部内での新型コロナウイルス感染拡大によって、準々決勝を前に無念の出場辞退となった。

「神様っていないのかな。でも、これが人生。思い通りにいかないのが人生です」

当時のことに関して、多くを語ることはないが、この言葉にすべての想いが詰まっている。

およそ1年の充電期間を経て、新天地として選んだのは岡山の創志学園だった。複数の学校から誘いがあった中、「創志学園の大橋博総長から『門馬監督を守りますから』と言葉をいただきました。その一言がものすごく大きかった」と決断の理由を語る。

学校の敷地内に自宅があった東海大相模のときと比べて、生活は大きく変わった。岡山駅近くでひとり暮らしを始め、毎朝6時前には、食事の準備のために車で野球部の寮に向かう。コーチとともに配膳を手伝い、食後には自ら食器を洗う。グラウンドは、学校から車で45分ほど離れた場所にあり、用具や道具を乗せたトラックを自ら運転する毎日を送る。

東海大相模時代は、自らのことを「半径３００メートルの人間」と呼んでいたが、その行動範囲は何倍にも広がった。地元の人たちと積極的に交流を図り、行きつけの定食屋もできた。ひとつひとつ人脈を広げ、「創志学園・門馬敬治」としての歩みを着実に進めている。

1999年に、東海大相模の監督に就いた頃から、恩師にずっと言われ続けてきた言葉がある。

「『相模』という冠、『監督』という冠を取ったとき、門馬敬治としてどれだけ勝負できるのか。それが、人間の本当の力だぞ。お前の力が試されるんだ」

取材を通して、何度も耳にしてきた言葉だ。だが、本音を言えば、私自身はそのときが来るとは思ってもいなかった。ずっとタテジマのユニホームを着続けるものだと思っていた。

「選んだ道を正解にするかどうかは、自分次第。後ろは見ずに、前を見て進んで行きます」

2023年の年明けからは、『アグレッシブ・ベースボール』を掲げ始め、スピーディで攻撃的な野球を追求する。今春には、創志学園の監督として初のセンバツ出場も、2回戦で山梨学院に敗れ、全国の頂点との差を痛感した。

門馬監督の口癖は「まだまだ。もっとできる」。時間がある限り、チームを強くすることに最大限のエネルギーを注ぐ。それが、日大藤沢の山本秀明監督が言うところの「本気度の高さ」につながっているのだろう。

きっと、近い未来に、神奈川県勢と甲子園で戦う日が来るはずだ。

――神奈川を離れても、「神奈川は強くあってほしい」という気持ちはありますか。

「今は、『強くあってほしい』と思っている自分ではダメなんですよね。創志学園の監督をやっているわけですから。ぼく自身も強くならなければいけない」

目指すは、2015年に続く、自身2度目の夏日本一。過去に、異なる県で夏の頂点を獲ったのは原貢監督しかいない。岡山の地で、恩師が成し遂げた偉業に挑む。

横浜清陵、創部初の夏のシード権獲得

2024年春の神奈川大会。締め切りの関係もあり、すべての結果を原稿に反映できないのが心苦しいが……、4月20日の4回戦を見届けたあと、「おわりに」を書いている。

昨夏の王者、慶應義塾は「勝算を創る」「伝統を創る」をキーワードにして、チーム作りを進める。「昨年とはまた違う別のストーリーを作る必要がある」と森林貴彦監督。今年のスローガンは、『一騎当千』の四字熟語に絡めた『一喜挑戦《いっきとうせん》』だ。自分たちの世代から、のちの野球部に残るような新たな伝統を創っていく。

昨秋の県大会を制した桐光学園は、「長打で圧倒する」(森駿太主将)をテーマにフィジカル強化に力を入れ、4回戦までの3試合で計4本塁打。新基準バットを使っていることを忘れるような強打を見せる。アウトになる打球であっても、フライが高く、滞空時間が長い。新基準バットで長打が打てれば、大きなアドバンテージになるのは間違いない。

昨秋準優勝の横浜は、「トレーニングの割合を増やしている」という村田浩明監督の言葉通り、この冬からウエイトトレーニングを積極的に取り入れ、一回り、体が大きくなった。ドラフト候補にも挙がる正捕手の椎木卿五は、冬だけで体重が8キロ増えたという。

横浜創学館は、3回戦で野原慎太郎監督率いる横浜清陵に4対7で敗れ、5年ぶりに夏のシード権を逃した。守備のミスがことごとく失点につながり、試合後の森田誠一監督は厳しい表情を浮かべていた。本章の中で、「夏の甲子園に行くには、シードを取ることが絶対条件」と、春のベスト

16入りを重要視していただけに、痛い敗戦となった。ここから、主砲でキャプテンの本山璃空、エースの鈴木圭晋を中心にどのように巻き返していくか。

横浜清陵は、創部初となる夏のシード権を獲得した。春の県大会では25名の選手を登録できるが、首脳陣が20名を決めたあと、選手たちで選考方法から話し合い、残りの5名を選んだ。驚いたのは、横浜創学館戦のスタメンのうち8人が二けた台の背番号だったことだ。

「背番号は五十音順です。レギュラーかどうかで人間関係に差を付けたくないのと、ベンチに入るということは全員が戦力で、試合に出るための準備をしてほしい」(野原監督)

『全員攻撃、全員守備』のスローガンの通り、全員の力でシード権を勝ち取った。

私学の実力校が集まるゾーンに入った武相は、2回戦で相洋をタイブレークのすえに3対2で下すと、3回戦では立花学園に8対2で快勝し、2016年以来となる夏のシードを確定させた。全力疾走、バックアップなどやるべきことをしっかりと実践し、隙のない野球を見せる。

「ここからの1〜2年で、チームとしての手応えや兆しが見えてこなければ、自分自身が修行をし直さなければいけないと考えています」と、はっきりと語っていただけに、今年、来年にかける想いは強いものがある。

県相模原は、鶴見大付、金沢に勝ち切り、ベスト16入り。関東大会にまで勝ち進んだ2015年以来、9年ぶりのシード権となったが、佐相眞澄監督は「通過点」と冷静。あくまでも見据えるのは、夏の甲子園だ。

念願の専用グラウンドが完成した向上

もっと多くの監督の想いを描きたかったが、全体のページ数もあり、15人に絞らざるを得なかった事情がある。

就任21年目を迎えた向上の平田隆康監督は、2014年夏の神奈川大会準優勝、2021年秋関東大会出場など、甲子園が見える位置にまで来ているが、あと少しのところで壁に阻まれている。2020年6月には、学校から徒歩圏内に両翼95メートル、中堅120メートルの令和向上グラウンドが完成。実戦練習の割合が増えているそうだが、実戦が増えれば増えるほど、グラウンドでプレーできる人数が限られる。

「それもあって、専用グラウンドができてから、今まで以上に〝一体感〟を大事にするようになりました。グラウンドで運動会をやったり、リレーをやったり、イベントを増やしています」

チームスローガンは『ALL OUT』。100名を超す部員ひとりひとりが、持っている力を出し切れれば、おのずと甲子園が近付いてくる。

平塚学園の八木崇文監督は、指導法を大きく変えようとしている。自身のテーマは「選手の成長を邪魔しない」。監督が考える理想のフォームや戦術に当てはめるのではなく、選手たち自身の意欲や主体性を尊重する。「『どうだ?』と問いかけることが増えました。『自分たちでやろう!』という空気ができていて、良い方向に進んでいる手応えはあります」。昨秋敗れた横浜にリベンジを果たすべく、『打倒・横浜』が合言葉だ。

就任13年目の樫平剛監督が指揮を執る三浦学苑は、2019年秋ベスト4、2020年夏の独自大会では横浜を破りベスト4、2022年夏秋ベスト8と、着実にチーム力を高めてきた。

「大事にしているのは、高校野球を通して、『やってやれないことはない！』という自信を掴むことです。自分は無理だろう……という考えを変えていく。ひとりひとりの人生に強みを持たせて、社会に送り出したいと思っています」

秋と夏にベスト4を経験したことで、「ここから先がとてつもなく大変」という実感を得ることもできたという。一気に頂上は見ずに、ひとつひとつ階段を上っていく。

じつはこの3人は、神奈川監督会の会長（平田監督）、副会長（八木監督、樫平監督）を務めていて、グラウンド外でも交流会が深い。2020年、コロナ禍で学校も部活動もストップしたときには、平田監督の発案で各校の指導者から、県内の部員に向けた「応援メッセージ」を企画した。学校の事情等で参加できない人もいたが、70名近い指導者からメッセージが集まった。

グラウンドでは互いに闘志を燃やし、勝利のために戦っているが、グラウンドを離れれば、高校野球、そして高校生のために力を尽くす同志でもある。指導者ひとりひとりの熱い想いが、神奈川の高校野球を支えている。

5年後、あるいは10年後――、神奈川の勢力図はどう変化しているのか、新しい風は吹いているのか。深紅の大優勝旗を手にする学校は現れるのか。

いつまでも強い神奈川であり続けることを、高校野球ファンのひとりとして願っている。

プロフィール

大利 実（おおとし みのる）

1977年生まれ、横浜市港南区出身。港南台高（現・横浜栄高）－成蹊大。スポーツライターの事務所を経て、2003年に独立。中学軟式野球や高校野球を中心に取材・執筆活動を行っている。『野球太郎』（ナックルボールスタジアム）、『ベースボール神奈川』（侍athlete）、『ホームラン』（ミライカナイ）などで執筆。

著書に『高校野球 神奈川を戦う監督たち』『高校野球神奈川を戦う監督たち2 神奈川の覇権を奪え！』（日刊スポーツ出版社）、『101年目の高校野球「いまどき世代」の力を引き出す監督たち』『激戦 神奈川高校野球 新時代を戦う監督たち』（インプレス）、『高校野球継投論』（竹書房）、『高校野球界の監督がここまで明かす！野球技術の極意』『高校野球界の監督がここまで明かす！投球技術の極意』（小社刊）などがある。。

『導く力　自走する集団作り』（長尾健司著／竹書房）、『仙台育英 日本一からの招待　幸福度の高いチームづくり』（須江航著／小社刊）などの構成も担当。

2021年2月1日から『育成年代に関わるすべての人へ ～中学野球の未来を創造するオンラインサロン～』を開設し、動画配信やZOOM交流会などを企画している。
https://community.camp-fire.jp/projects/view/365384

装幀・本文デザイン　山内 宏一郎（SAIWAI DESIGN）
カバー写真　時事通信社
DTPオペレーション　株式会社ライブ
編集協力　馬渕 綾子
編集　滝川 昂（株式会社カンゼン）

高校野球激戦区
神奈川から頂点狙う監督《おとこ》たち

発行日　2024年5月27日　初版
2024年7月22日　第２刷 発行

著者　大利 実
発行人　坪井 義哉
発行所　株式会社カンゼン
〒101-0021
東京都千代田区外神田2-7-1 開花ビル
TEL 03(5295)7723
FAX 03(5295)7725
https://www.kanzen.jp/
郵便為替 00150-7-130339
印刷・製本　株式会社シナノ

極意シリーズ　好評発売中

高校野球界の監督がここまで明かす！

打撃技術の極意

履正社　岡田龍生監督
明石商　狭間善徳監督
仙台育英　須江航監督
明豊　川崎絢平監督
米子東　紙本庸由監督
県相模原　佐相眞澄監督

三井康浩
神事努

定価：1870円（税込）

高校野球界の監督がここまで明かす！

野球技術の極意

チーム　大阪桐蔭（大阪）・西谷浩一監督
打撃　明秀日立（茨城）・金沢成奉監督
投手　花咲徳栄（埼玉）・岩井隆監督
守備　明石商業（兵庫）・狭間善徳監督
捕手　日大藤沢（神奈川）・山本秀明監督
走塁　健大高崎（群馬）・青柳博文監督
体作り　山梨学院（山梨）・吉田洸二監督

今永昇太（横浜DeNA）
山川穂高（埼玉西武）
田中広輔（広島）

定価：1760円（税込）

高校野球界の監督がここまで明かす！

走塁技術の極意

前橋育英　荒井直樹監督
山梨学院　吉田洸二監督
仙台育英　須江航監督
元東海大相模　門馬敬治監督
塩多雅矢
川村卓

和田康士朗（千葉ロッテ）
荒木雅博（中日）

定価：1870円（税込）

高校野球界の監督がここまで明かす！

投球技術の極意

常総学院　島田直也監督
県立大崎　清水央彦監督
八戸工大一　長谷川菊雄監督
立花学園　志賀正啓監督
海星　葛原美峰アドバイザー
日本体育大学　辻孟彦コーチ

吉見一起（元中日）
谷繁元信（元横浜・元中日）

定価：1870円（税込）